中华传统美德百字经

律·严以律己

于永玉 王猛◎编

　　一段历史之所以流传千古，是由于它蕴涵着不朽的精神；一段佳话之所以人所共知，是因为它充满了人性的光辉。感悟中华传统美德，获得智慧的启迪和温暖心灵的感动；品味中华美德故事，点燃心灵之光，照亮人生之路。

天津人民出版社

图书在版编目（CIP）数据

律：严以律己 / 于永玉，王猛编. —天津：天津
人民出版社，2012.6
　（巅峰阅读文库. 中华传统美德百字经）
　ISBN 978–7–201–07591–4

　Ⅰ. ①律…　Ⅱ. ①于…②王…　Ⅲ. ①品德教育—中
国—通俗读物　Ⅳ. ① D648–49

中国版本图书馆 CIP 数据核字 (2012) 第 133796 号

天津人民出版社出版
出版人：刘晓津
（天津市西康路 35 号　邮政编码：300051）
邮购部电话：（022）23332469
网址：http://www.tjrmcbs.com.cn
电子信箱：tjrmcbs@126.com
永清县晔盛亚胶印有限公司印刷　新华书店经销
2012 年 6 月第 1 版　2012 年 6 月第 1 次印刷
690×960 毫米　16 开本　10 印张　字数：100 千字
定价：19.80 元

中国是一个具有悠久历史和灿烂文化的文明古国，也是举世闻名的礼仪之邦。在历史的长河中，中华民族创造出了绚丽多彩的物质文化和精神文化，为人类的发展和进步做出了重要贡献。其中，中华民族的传统美德被大家代代传承。

那么，什么是传统美德？什么是中华民族的传统美德呢？通常来说，传统美德就是在自觉或习俗的道德规范中，一些被大多数人所接受并实际奉行的，而且在现代仍有着积极影响的那些美德。具体到中华民族传统美德，概括起来就是指中华民族优秀的民族品质、优良的民族精神、崇高的民族气节、高尚的民族情感以及良好的民族礼仪等，是中华民族在历史实践过程中积累而成的稳定的社会优秀道德因素，体现在人们生活的方方面面，涉及政治、经济、文化、意识等领域，并通过社会心理结构及其他物化媒介得以代代相传。

经过长期的历史沉淀，中华传统美德已融入到中华民族的思想意识和行为规范中，成为社会道德文化的遗传基因，成为整个中华民族文化的精神内涵，也是中华五千年文明史的精髓所在。继承和弘扬中华民族传统美德，可以振奋民族精神，增强民族自尊心、自信心、自豪感和凝聚力，使社会主义道德规范具有更丰富的内涵，让社会主义、集体主义、爱国主义思想等更加深入人心，成为社会主义文化的主旋律。同时，还可以更好地协调人际关系，促进社会主义市场经济的健康发展，形成有中国特色的、适应社会发展的价值观和伦理道德规范。

前 言

国民的思想道德状况，尤其是青少年的思想道德状况，直接关系着一个国家、一个民族的整体素质，关系着国家前途和民族命运。目前，我国已进入改革发展的新时期新阶段，德育教育的价值和意义更是日渐凸显。大力弘扬中华传统美德，建设社会主义核心价值体系，促进社会主义文化的发展和繁荣，是建设全面小康社会的主要任务，更是实现中华民族伟大复兴的必然要求。因此，党中央非常注重我国公民道德建设，全社会也已形成了加强和改进思想道德建设的新风尚。

青少年是国家的希望，是民族不断发展和延续的根本，因此，青少年德育教育就显得更加重要。为了增强和提升国民素质，尤其是青少年的道德素质，我们特意精心编写了本套丛书——《中华传统美德百字经》。

本套丛书立足当前公民，尤其是青少年思想道德教育的现实，将中华民族的传统美德归纳为一百个字，即学、问、孝、悌、师、教、言、行、中、庸、仁、义、敦、和、谨、慎、勤、俭、恤、济、贞、节、谦、让、宽、容、刚、毅、睦、贤、善、良、通、达、知、理、清、廉、朴、实、志、道、真、立、忠、诚、公、正、友、爱、同、礼、温、信、尊、敬、恭、恕、责、仪、精、专、博、富、明、智、勇、力、安、全、平、顺、敏、思、积、利、健、率、坚、情、养、群、严、慈、创、新、变、革、争、谏、诲、齐、省、克、竞、求、简、洁、强、律。丛书内容丰富、涵盖性强，力图将中华民族传统美德的内涵囊括进去。丛书通过故事、诗文和格言等形式，全面地展示了人类永不磨灭的美德：诚实、孝敬、负责、自律、敬业、勇敢……

津·严以律己

2

这些故事在中华民族几千年的历史长河中，一直被人们用来警醒世人、提升自己，用做道德上对与错的标准；同时通过结合现代社会发展，又使其展现了中华民族在新时代的新精神、新风貌，从而较全面地展示了中华民族的美德。

在本套丛书中，为了帮助读者更好地理解这些源远流长的传统美德，我们还在每一篇故事后面给出了"故事感悟"，旨在令故事更加结合现代社会，结合我们自身的道德发展，以帮助读者获得更加全面的道德认知，并因此引发读者进一步的思考。同时，为丰富读者的知识面，我们还在故事后面设置了"史海撷英"、"文苑拾萃"等板块，让读者在深受美德教育、提升道德品质的同时，汲取更多的历史文化知识。

前 言

这是一套可以打动人心灵的丛书，也是可以丰富我们思想内涵的丛书……《中华传统美德百字经》向我们展示的是一种圣洁的、高尚的生活哲学。无论在任何社会、任何时代，给予人类基本力量的美德从来不曾变化。著名的美国政治家乔治·德里说："使美国强大的不是强权与实力，而是上帝赐予的美德。假如我们丢失了最根本且有用的美德，导弹和美元也不能使我们摆脱被毁灭的命运。"在今天，我们可能比任何时候都更应关心道德问题，尤其是青少年的道德问题，因为今天我们正逐渐面临从未有过的道德危机和挑战。

人生的美德与智慧就像散落的沙子，我们哪怕每天只收集一粒，终有一天能积沙成塔，收获一个光辉灿烂的明天。《中华传统美德百字经》中的美德故事将直指我们的内心，指向人性中善良的一面，唤起我们内心深处的道德感。因此，中华民

族的传统美德也一定会在我们的倡导和发扬之下，世世传承，代代延续！

　　全套丛书分类编排，内容详尽、文字优美、风格独具，是公民，尤其是青少年思想道德建设的优秀读物。愿这些恒久流传的美文和故事能抚平我们每个人驿动的心，愿这些优秀的美德种子能在青少年身上扎根、发芽、生长……

津·严以律己

　　律己，是中华民族传统道德中的一种优良美德。自古代以来，律己就一直被世人所推崇和赞颂，被视为是一个人具有高尚道德修养的重要标志。在世界文明史的发展中，它犹如一颗灿烂的明珠，闪耀在中华民族的道德文化宝库之中。

　　律己，是指对自己要坚持高标准、严要求，在言行上要善于约束自己，规范自己，从"吾日三省吾身"到事事谦虚谨慎，勇于改正过失，不断进行自我完善和修养。

　　继承和弘扬中华民族的传统美德，是推动社会进步、民族振兴和事业发展的需要，是国家和社会反腐倡廉、建设社会主义精神文明的需要，也是为培养和造就具有高尚的道德修养、高度的社会责任感和爱国主义情感的社会主义事业建设者和接班人的需要。因此，一切以天下为己任、以人类的进步和发展为己任的人，包括广大的青年、少年和儿童，都应该从我做起，从小事做起，努力继承和发扬律己的优良品德。

　　古往今来，在中国历史上，许多具有进步思想和具有高尚道德修养的仁人志士，许多名垂千古的民族英雄、杰出人物，以及那些在推动历史进步中起过积极作用的帝王将相，他们在自己的言行中都曾做出了律己的表率，涌现出了许许多多生动感人的典型范例，如曹操割发自刑、唐太宗下"罚己诏"、白居易作诗悔过、诸葛亮自请降职等等。他们虽有在思想上、政治上的历史局限性，甚至有的是功过参半的人物。然而，他们身上表现出来的那些律己的思想和行为，同样反映了中华民族的民族精神和优良传统，在美与丑、善与恶的斗争中，代表了先进的一面、进步的一面、美和善的一面。通过他们，特别是广大劳动人民的努力倡导，不断继承与发扬起来的律己的美德成为了我们中华民族宝贵的精神财富，是维系和推动中华民族团结和睦、奋斗进取的伟大民族精神。

　　时至今日，伟大的中国共产党人和共产党领导下的各界进步人士，各条战线的英雄、模范、杰出人物，不断高举着批判继承的伟大旗帜，大力倡导和亲身弘扬着中华民族的传统美德，赋予了律己等传统道德以新的历史含义，把这一道德思想升华为指导一切进步团体、革命政党，以及各种社会活动中的行为准则，成为促进事业发展、人民团结的伟大精神力量。这里收集的"刘少奇不搞特殊化"，以及"史来贺带头吃亏"、"李志军的约法三章"等，都是近现代历史上继承发扬中华民族传统美德的光辉典范。他们当中，不论是统帅全党、全军、全国的革命领袖，还是叱咤风云，为革命、为人民建功立业的革命英雄，或者是一心扑在平凡岗位上，脚踏实地、努力奉献的劳动模范，无不在他们的感人故事中表现出了那种不居功自傲、不贪图安逸、不要特权、不搞特殊、克己奉公、谦恭礼让，甘为人民公仆的崇高精神和把事业看得高于一切、重于一切，善于团结一切可以团结的人的伟大胸怀，从而成为千秋万代人们学习的榜样。

要做到以先人为榜样，培养优秀的做人品德，首先要从严于律己做起。

首先，要在思想上树立远大的理想，这是自觉做到律己的思想源泉和行为动力。志存高远，才能善于严格要求自己，才能心胸坦荡、光明磊落，做到"先天下之忧而忧，后天下之乐而乐"。胸无大志、不思进取，自然难以做到严格律己。

其次，要在言行上善于自控和严格约束自己，做到用纪律、制度、守则、公约和各种文明礼仪自觉要求自己、规范自己，对自己不放纵、不迁就。

此外，还要善于经常"自省"，善于用正反面的人或事例给自己"照镜子"，做到经常自我检查、自我监督、自我教育。自己有了缺点或过失，要进行自我批评、自觉改正，而不文过饰非。

为了集体的团结，为了共同的事业和目标，在帮助别人改正缺点和错误时，要做到诚恳热情，决不讽刺挖苦、恶语伤人；同时，自己也要听得进各种不同的意见，甚至是反对自己的意见。对别人要设身处地，对自己要反躬自问。就是对待反对过自己并被实践证明错了的人，也要大度和宽宏，决不能视如仇敌。

总之，做一个律己的人，就要时时、处处、事事都做到有益于进步、有益于他人、有益于团结、有益于人类共同的事业。

目录

1

中华传统美德百字经

第一篇

认识错误，自我批评

知过即改的信陵君

◎帅人以正，谁敢不正？敬人以礼，孰敢不礼？——《金楼子·戒子第五》

> 信陵君（？—前243年），姬姓，魏氏，名无忌，战国时期魏国人，是魏昭王的儿子，魏安厘王同父异母的弟弟。信陵君是战国时期著名的政治家、军事家。魏安厘王时期官至魏国上将军，和赵国平原君赵胜、齐国孟尝君田文、楚国春申君黄歇合称为"战国四公子"。论排位信陵君为四公子之首。

信陵君是战国时魏国魏安厘王的异母弟弟。他在当时和齐国的孟尝君、赵国的平原君、楚国的春申君，都是著名的贵族，被称为"四公子"。

公元前257年，秦国出兵围攻赵国京都邯郸。赵王向魏王请求支援，魏王派出大将晋鄙领兵十万前去救援。但是，魏王慑于秦军的气焰，当魏军行进到半途中，魏王命令晋鄙按兵不动，进行观望。见此，信陵君再三请求魏王下令进兵击秦，魏王不听。信陵君认为，魏赵互为唇齿，唇亡齿寒，赵国灭亡必然威胁到魏国。于是他设法说服了魏王的宠妃如姬，窃得了魏王调动军队的兵符。信陵君让勇士朱亥随从自己，带上兵符，假托魏王的命令，杀了大将晋鄙，夺得了兵权，击退了秦军，为赵国解了围。

事后，信陵君也知道得罪了魏王，所以赵国得救后，他让其部将带领他的军队回魏国去了，他自己和门客留在了赵国。

赵孝成王十分感激信陵君假传命令夺取晋鄙的兵权而保全了赵国。私下里，赵王和平原君商议，要把五座城邑封赏给信陵君。信陵君得知此事，内心十分得意，显露出一副沾沾自喜、自以为有功的样子。见此，有位门客向他进言说："事情有不能忘记的，也有不能不忘记的。人家对您有恩德，您就不应该忘记；您对人家有恩德，希望您忘了它。况且假传魏王命令，夺取晋鄙军队来救赵国，对于赵国来说，您是有功的，对于魏国来说您可算不上忠臣啊！公子您这样自傲地把救赵看作功劳，我私下以为您这样是很不应该的啊！"

信陵君听了门客的这一番话，当即责备自己，惭愧得无地自容。

一天，赵王吩咐人洒扫庭院，宴请信陵君。赵王亲自迎接，行主人的礼仪，请信陵君作为贵宾从西阶上殿。按古代升堂礼仪，西阶为上首。此时，信陵君侧着身子谦恭地推辞，跟随赵王自东阶而上。坐下后，信陵君连称自己有罪，因为辜负了魏国，对于赵国也没有功劳。

赵王陪信陵君喝酒一直到天近黄昏，嘴里始终不好意思说出奉献五城的话，因为信陵君太谦虚了。

后来，信陵君终于留在了赵国。赵王把鄗这个地方送给信陵君为汤沐邑，就是斋戒自洁的地方。魏国也重新把信陵君封邑上的赋税收入送归给信陵君。后人对信陵君这种闻过深思、自律谦虚的精神给予了很高的评价。

◎故事感悟

　闻过而改、居功不傲，是律己的最好说明。

◎史海撷英

信陵君窃符救赵

周赧王五十七年，即公元前258年，当时属战国末期，秦国吞并六国日亟，战争进行得频繁而激烈。公元前260年，在长平之战中，秦国大破赵军，坑杀赵降卒40万。秦又乘胜进围赵国首都邯郸，企图一举灭赵，再进一步吞并韩、魏、楚、燕、齐等国，完成统一中国的计划。当时的形势十分紧张，特别是赵国首都被围甚急，诸侯都被秦国的兵威所慑，不敢援助。魏国是赵国的近邻，又是姻亲

之国，所以赵国只得向魏国求援。就魏国来说，唇亡齿寒，救邻即自救，存赵就是存魏，赵亡魏也将随之灭亡。信陵君认清了这一点，才不惜冒险犯难，窃符救赵，抗击秦兵；终于挫败了敌人的图谋，保障了两国的安全。

◎文苑拾萃

礼贤下士

　　齐桓公礼贤下士的事颇多，在此仅举一二：《新序·杂事》载，齐桓公听说小臣稷是个贤士，渴望见他一面，与他交谈一番。一天，齐桓公连着三次去见他，小臣稷托故不见，跟随桓公的人就说："主公，您贵为万乘之主，他是个布衣百姓，一天中您来了三次，既然未见他，也就算了吧。"齐桓公却颇有耐心地说："不能这样，贤士傲视爵禄富贵，才能轻视君主，如果其君主傲视霸主也就会轻视贤士。纵有贤士傲视爵禄，我哪里又敢傲视霸主呢？"这一天，齐桓公接连五次前去拜见，才得以见到小臣稷。

　　又据《管子·小问》载，一天，桓公与管仲在宫内商讨要征伐莒国的事，还没行动，已在外面传开。桓公气愤地对管仲说："我与仲父闭门谋划伐莒，没有行动就传闻于外，这是什么原因？"管仲曰："宫中必有圣人。"桓公寻思了一下，说："是的，白天雇来干事的人中，有一个拿拓杵春米、眼睛向上看的，一定是他吧？"那人叫东郭邮，等他来到齐桓公跟前，桓公把他请到上位坐下，询问他说："你是说出我要伐莒的人吗？"东郭邮果敢地说："是的，是我。"桓公说："我密谋欲伐莒，而您却言伐莒，是何原因？"东郭邮回答："我听说过，君子善于谋划，而小人善于推测。这是我推测出来的。"桓公又问："你是如何推测出的？"东郭邮说："我听说君子有三种表情，悠悠欣喜是庆典的表情，忧郁清冷是服丧的表情，红光满面是打仗的表情。白天我看见君主在台上坐着红光满面，精神焕发，是打仗的表示；而君王嘘吁长出气却没有声，看口型应是言莒国，君主举起手远指，也是指向着莒国的方向。我私下认为小诸侯国中不服君主的只有莒国，因此，我断定你是在谋划伐莒。"桓公听言欣喜地说："好！你从细微的表情和动作上断定大事，了不起！我要同你共谋事。"不久，齐桓公就提拔了东郭邮，委以重任。

　　综上所述，齐桓公礼贤下士，选贤任能，才为其霸业蓄备了大量的有用人才。

吕岱闻过则喜

◎君子攻其恶，无攻人之恶。——《孔子家语·颜回第十八》

吕岱（160—256年），字定公，东汉海陵如皋人。他初为郡县小吏，汉末避乱南渡，投效孙权帐下，从此开始了他南征北讨、开疆拓土的戎马生涯，为吴国的安邦兴业立下了赫赫战功，后被孙权任命为庐陵太守。随着吴国对两广地区的开拓，吕岱任广州刺史；接着，他率军平定了九真（今越南清化、河静二省及义安省东部地区），派遣朱应和康泰出使南海诸国，"南宣国化"。朱应和康泰经历及传闻的有一百多个国家，大概就是今天越南的中部、柬埔寨和南洋群岛一带。史载"扶南、林邑……诸王各遣使奉贡"，从此开始了中国和南海诸国的正式往来。吕岱的这一举措，在我国历史上可与东汉时期班超遣使访问西亚各国一事相媲美。公元231—238年，他再次奉命征讨廖代叛乱，经过一年的作战，镇压了这场叛乱。这时他已是80岁的老人。张承把他比喻为周朝初年的周公旦。孙亮继位后，吕岱官至大司马。

吕岱是三国时吴国的大臣，他为官不骄，虚怀若谷。不管是谁，只要能指出他的过错，他都能虚心地接受。

有个名叫徐源的平民，经常指出吕岱的过失，吕岱非常感激他，并跟他交上了朋友。徐源家里生活十分贫寒，吕岱不时拿出钱来资助他。由于经常交往，吕岱发现徐源不仅为人坦荡，诚实正直，而且很有才华，于是推荐他做了官。

在吕岱的举荐下，徐源当上了侍御史。徐源做官以后，每当他发现吕岱的缺点，仍然跟从前一样直言不讳地当面批评，吕岱也照例每次都很虚心听取他的意见。对此，朝中不少官员大惑不解，大家都议论纷纷。

有的说："这徐源也真不知好歹，吕大人推荐他做了官，他非但不报知遇之恩，反而恩将仇报，偏偏跟吕大人过不去！"

也有的说："人家吕大人是大人不计小人过，宰相肚里能撑船，才不计较这些呢！"

吕岱听了这些议论，心里并不在意。他对众人说："徐源能当面指责我的错误，是为了我好啊！这正是他在报答我的知遇之恩。我之所以敬重他，其原因就在于此。"

徐源死后，吕岱十分痛心，他哭着一遍遍说道："您是我的良师益友，如今离我而去，日后谁来批评我的过错呢？……"

◎故事感悟

吕岱这种虚怀若谷、闻过则喜的品格，赢得了人们的称赞和尊重。

◎史海撷英

黄巾起义

公元184年（甲子年），张角相约信众在3月5日以"苍天已死，黄天当立，岁在甲子，天下大吉"为口号兴兵反汉；"苍天"是指东汉，"黄天"指的就是太平道，而且根据五德始终说的推测，汉为火德，火生土，而土为黄色，所以众信徒都头绑黄巾为记号，象征要取代腐败的东汉。张角一面派人在政府机关门上写上"甲子"二字为记认，另一方面派马元义到荆州、扬州召集数万人到邺准备，又数次到洛阳勾结宦官封胥、徐奉，想要里应外合。

可是在起义的前一个月，一名叫做唐周的门徒告密，供出张角在京师的内应马元义，导致马元义被车裂，官兵大力逮杀信奉太平道信徒，株连千余人，并且下令冀州追捕张角。由于事出突然，张角被迫提前一个月在二月发难，史称黄巾起义或黄巾之乱，因为起义者头绑黄巾，所以被称为"黄巾"，张角自称"天公将军"，张宝、张梁分别为"地公将军"、"人公将军"，在北方冀州一带起事。他们烧毁官府、杀害吏士、四处劫略，一个月内，全国七州二十八郡都发生战事，黄巾军势如破竹，州郡失守、吏士逃亡，震动京都。

◎文苑拾萃

张衡与候风地动仪

　　候风地动仪是汉代科学家张衡的又一传世杰作。在张衡所处的东汉时期，地震比较频繁。据《后汉书·五行志》记载，自和帝永元四年（公元92年）到安帝延光四年（公元125年）的30多年间，共发生了26次大的地震。地震区有时大到几十个郡，引起地裂山崩、江河泛滥、房屋倒塌，造成了巨大的损失。张衡对地震有不少亲身经历。为了掌握全国地震动态，测定地震的方向，他经过长年研究，终于在阳嘉元年（公元132年）发明了候风地动仪——世界上第一架地震仪。在通信不发达的古代，地震后，为人们及时知道发生地震和确定地震大体位置有一定的作用。

严于律己的徐达

◎怨人者穷，怨天者无识。失诸己而反诸人，岂不亦
迂哉？——《荀子·法行第三十》

> 徐达（1332—1385年），明朝开国军事统帅，字天德，濠州钟离（今安徽凤阳东北）人。徐达出身农家，少有大志。元至正十三年（1353年），徐达参加农民起义军郭子兴部，成为朱元璋的属下，从取滁州（今属安徽）、和州（今和县）等地，智勇兼备，战功卓著，位于诸将之上。他足智多谋，治军有方，带兵时如同兄弟，常与士卒同甘苦，深得将士的敬仰；打仗时他"出奇无穷，料敌制胜"。而且，他带的军队军纪严明，所到之处，从不惊扰百姓，深受百姓的拥护。

徐达与朱元璋原本是患难弟兄，属贫贱之交。后又一直追随朱元璋南征北战，为朱元璋打天下屡建奇功，因此也深受朱元璋的信赖和倚重。但徐达在同僚之间，始终保持着谦恭谨慎、不居功自傲的本色。

在明王朝建立后的十几年里，每年春天徐达都受皇帝朱元璋之命出征，直到晚冬季节才被召回京城。回京之后，他都立即把将印上交给皇帝，年年如此，成为习惯。每次出征归来，朱元璋都让他休假并设宴和他一起畅饮，和他以布衣兄弟相称。而徐达总是尊敬地称朱元璋为皇帝，从来都十分恭敬谨慎。

有一次，朱元璋非常郑重地对徐达说："徐兄功劳很大，至今还没有安适的居室，我愿意把我的旧宫送给你。"

徐达坚决推辞不受，并谦恭地说："官邸是皇帝的御所，我作为一朝之臣，岂敢进居？"

一天，朱元璋把徐达领至他的旧官邸，有意让徐达喝醉了酒，然后让侍从把徐达抬到正室去睡，并给他蒙上了被子。徐达醒来时，发现自己睡在皇帝的御床上，赶快爬了起来，跑到房外的台阶下面，俯身跪在地上高声称自己犯了死罪，不该睡在皇帝床上。他以此表示自己心目中是"君臣有别"的，并非因为与皇帝是布衣之交而胆大妄为。

朱元璋看到徐达处处谦恭谨慎，内心非常高兴，吩咐有关官员在旧邸前为徐达建造一座府宅，并在他的宅前立坊题写了"大功"二字。后来，徐达病逝，朱元璋停止了临朝听政，为他哀悼。

◎故事感悟

徐达虽为封建王朝时的忠良，有其历史的局限性，但他谦恭谨慎的品格一直为后人传颂。

◎史海撷英

"洪武之治"

洪武之治是明太祖朱元璋统治时期所出现的盛世。明太祖统治期间，以洪武作为年号，且朱元璋雄才大略、励精图治，发展经济，提倡文教，使得天下大治，所以后世史学家称其为洪武之治。

朱元璋建立明朝之后，就着手改革吏治。他首先废除行中书省，设立承宣布政使司、都指挥使司和提刑按察使司，分别担负行中书省的职责，三者分立又互相牵制，防止了地方权力过重现象。

同时朱元璋吸取元朝灭亡的教训，实行了一系列休养生息、发展农业和工商业生产的措施，使得明朝的经济得到迅速恢复和发展。到洪武二十六年（1393年），民户达1605万户，人口达6054万人，垦地面积达850万顷，成为明朝的鼎盛时期。

洪武八年（1375年），朱元璋诏令天下立社学，府、州、县每50家要设社学一所，用于招收8—15岁的民间儿童入学。儿童入学后先学习《三字经》《百家姓》《千字文》等，然后学习经、史、历、算等知识，同时必须兼读《御制大诰》、明朝律令；另外还要讲习社会之礼。但是，由于太祖本人文化水平不高，将许多自己所厌恶的语句（如"民贵君轻"）一一删去，致使明科举之八股文亦是呆板之至。整体而言，洪武年间文化教育虽不若唐宋之风，但对于元末之文化衰退而言，朱元璋之功亦不可小觑。

为了彻底解决蒙元贵族的残余势力，洪武帝从明朝建立开始就不断北伐。洪武二年（1369年），明军追击北元残余势力，俘虏丞相脱火赤以下一万余人，北元皇帝逃到漠北几百里外。洪武三年（1370年），明军再次北伐，于沈欲口大破元军主力王保保，俘虏文济王以及国公阎思孝、虎林赤、察罕不花、韩扎儿等10万余人。洪武二十年（1387年），明军越过长城，轻骑雪夜奔驰，偷袭元军大寨，最后在蒙古捕鱼儿海大败元军，俘虏北元残余势力8万人。蒙古从此一蹶不振，分裂为鞑靼、瓦剌、兀良哈三大部。

◎文苑拾萃

朱元璋建明朝

明朝（公元1368—1644年，一说亡于1683年），简称明，是中国古代史上最后一个由汉族建立的封建统一王朝。1368年明太祖朱元璋在应天称帝，国号"大明"。1644年李自成的大顺军攻占北京，明崇祯帝自缢，明朝灭亡。清军入关后，在南方一些明朝大臣拥立皇族建立几个小朝廷（史称"南明"），至1662年被清朝完全消灭。台湾郑氏政权继续沿用南明永历年号，直到1683年清朝平定台湾。明朝历经16帝，享国祚276年。南明历经四帝，历时18年。台湾郑氏政权历时21年。

贺龙赔礼致歉

◎君子以为质，礼以行之，逊以出之，信以诚
之。——《论语·卫灵公》

贺龙（1896—1969年），中华人民共和国元帅，中国无产阶级革命家、军事家，中国人民解放军的创建人和主要领导者之一。贺龙原名贺文常，字云卿，中国湖南桑植县人，有白族血统，1955年授予元帅军衔，是第一、二、三届国防委员会副主席，中国共产党第七届中央委员，第八届中央政治局委员。

贺龙早年曾参加孙中山领导的国民革命，1927年参加南昌起义，并加入中国共产党，后又回到湘鄂西地区，创建革命根据地。新中国成立后，贺龙先后担任西北军司令员、中央军委副主席、国务院副总理兼国家体委主任等职。

当年在湘鄂地区作战时，有一天，部队在一处平阳地休息。贺龙坐在草地上同干部、战士们聊天。警卫员把马拴在樟树下面，缰绳刚系好，那马一退，腿一滑，踏坏了地里的几株苞谷。警卫员十分难过，向贺龙报告说："贺总指挥，只怪我不小心，有几株苞谷苗给马踩坏了。"贺龙走过来，心疼地说："可惜，可惜！在这山界上，种几兜苞谷也是不容易呀！要照价赔偿。"

警卫员向周围望了一望，山高谷深，到哪去找主人呢？他说："我骑马到附近走一走，找到寨子，问问这块苞谷地是谁的。"

"嘀嘀嗒嗒！"集合号吹响了，队伍马上就要出发了。贺龙想了想，从口袋里掏出一块大洋，对警卫员说："弄块手帕，把大洋包着，捆在木棒上，插在这里。等我们打完仗后，回来再打听这家主人，当面道歉！小鬼，以后要注意啊！"

一切都做好后，队伍继续前进。

过了半个月，他们又回到了这个地方。贺龙一进寨子，就向农会干部打听那块苞谷的主人。真是巧极了，那主人是田大娘，就住在这个寨子里。田大娘50来岁，家境贫寒。那块离寨子一二十里远的地，是她去年开的一块生荒。贺龙了解清楚后，便向田大娘家走去。

到了田大娘家，还没进屋，贺龙就高喊起来："田大娘在家吗？"

"在呀。"田大娘出门一看，"哟，是贺总指挥。"原来在欢迎红军进寨的时候，贺龙给乡亲们讲了话，所以田大娘认得贺龙。田大娘见总指挥来到自己家，欢喜得不得了，倒水、递烟忙个不停。

贺龙坐下，微笑着说："大娘，今天我一来看望您老人家，二来赔个不是！"

贺龙把马踩坏苞谷苗的事讲了一遍，然后诚恳地说："那时候，打仗任务急。今天没事，我特地向你道歉！"

这下，田大娘全明白了。她连忙从柜子里取出那块大洋，双手捧着，含着泪，望着贺龙道："贺老总，这钱，我不能收啊！红军是我们穷人的亲人，苞谷苗又不是故意踩坏的，马又没有知识，踩就踩了吧，不用赔！"

贺龙笑着解释道："您老人家一定要收下。红军有个老规矩，损坏老百姓的东西要赔偿，我是总指挥，要带这个头。"说完，告别了田大娘，转身跨出门槛，大踏步地走了。

田大娘望着贺老总离去的身影，心情久久不能平静……

◎故事感悟

作为军队的首领，贺龙赔礼致歉的行为值得我们当代人，尤其是青年朋友好好学习。

◎史海撷英

陈庄战斗

1939年9月，八路军第120师在河北省灵寿西北陈庄进行了一次歼灭战。

1939年8月，冀中八路军第120师主力大部在贺龙等率领下向晋察冀边区腹部转移，于9月间到达河北省行唐、山西省灵丘集结。9月25日，日军由灵寿向晋察冀边区腹地发起进攻，占领慈峪镇。27日上午，日军直奔陈庄，袭击晋察冀边区后方领导机关。第120师在陈庄东南设伏，并以719团坚守白头山阵地，以另一部警戒灵寿、行唐增援之敌。28日拂晓，敌人烧毁了村里的房屋后，沿磁河南岸向东撤退。8时，敌先头部队进入预伏区，第120师发起阻击，将日军全部包围在高家庄、破门口、冯沟里3个村庄。下午7时，第120师发起总攻，将敌分割围歼，日军死伤众多。同日，灵寿、慈峪之敌1000余人沿磁河来援，被八路军阻击于白头山下，激战竟日，敌仍不得前进。29日晨，被围于破门口、冯沟里的敌人已伤亡过半，遂向南突围，又被包围于鲁柏山高地。第120师以炮轰和步兵冲锋轮番向敌攻击。敌困守山头，陷入绝境。当夜，第120师发起全线总攻击，突破敌军阵地，将敌大部歼灭。南逃残敌又被全歼。陈庄战斗，经6天5夜激战，歼敌水原旅团长以下1280人，俘敌16人，缴获山炮3门、轻重机枪23挺、步枪500余支、战马50余匹。这次战斗的胜利，为巩固北岳地区，粉碎即将到来的日军大"扫荡"奠定了胜利的基础。

◎文苑拾萃

湘鄂西革命根据地

湘鄂西革命根据地又称"湘鄂西苏区"，位于湖南、湖北两省西部边界地区。1928年初，贺龙、周逸群到达湘鄂西，领导土地革命，并先后开辟了湘鄂边和洪湖两个革命根据地。1930年，红二军团成立，湘鄂边和洪湖两个根据地连成一片，发展成为湘鄂西革命根据地。不久，成立了中共湘鄂西特委和湘鄂西联县政府，红军和地方武装发展到3万余人。1932年秋，由于王明"左"倾机会主义的错误领导，红军未能粉碎国民党军第四次"围剿"，退出洪湖革命根据地。

郭沫若"负荆请罪"

◎大人者，不失其赤子之心者也。——《孟子·离娄下》

> 郭沫若（1892—1978年），四川乐山人，中国现代杰出的作家、诗人、历史学家、剧作家、考古学家、古文字学家、社会活动家，著有诗集《女神》，历史剧《屈原》、《虎符》、《棠棣之花》等。

作为著名社会活动家的郭沫若，同鲁迅一样，始终站在新文化运动的最前列。学生时期就因开展学生运动被开除，为此还引出一段负荆请罪的故事。

1939年3月初，郭沫若乘坐飞机由重庆回故乡东山沙湾探亲。在县城，他打听到中学时期的老师帅平均还健在时，当晚便叫堂侄陪他前去探望。正当帅老师对郭沫若的来访感到惊愕时，郭沫若"扑通"一声跪倒在地，向老师请罪。

郭沫若的负荆请罪是有缘由的。帅平均老师留日归国后，曾担任过郭沫若的国文教员兼授东洋操。后来，郭沫若因参加学生运动被开除离校。帅老师是力主开除郭沫若的关键人物。因此，郭沫若对帅老师极为不满。他在《我的幼年》里，讥讽帅老师是一个只懂东洋操的冒牌留学生。这可惹恼了帅老师。从此，只要谁提到郭沫若这个大文豪，他便大动肝火，骂他是"叛逆"。郭沫若的大哥郭开文为此写信批评郭沫若不该以文毁人，何况这个人又是师长呢。后来郭沫若也认识到自己言辞偏颇，便在再版的《革命春秋》中删去了讥讽老师的那段文字。他还决定，此次回故乡一定要向帅老师"负荆请罪"。

学生跪地请罪，感动得帅老师声泪俱下。于是，师生重归于好，畅谈了别后之情。

◎故事感悟

战国时期，曾经有个廉颇负荆请罪的故事；在中国近代，又出现了郭沫若"负荆请罪"的佳话。廉颇、郭沫若严于律己、宽以待人的精神都值得我们学习。

◎史海撷英

一二·九运动

1935年的12月9日，北平（北京）大中学生数千人在中国共产党的领导下举行了抗日救国示威游行，反对华北自治，反抗日本帝国主义，掀起全国抗日救国新高潮，史称一二·九运动。这也是中国共产党领导的一次大规模学生爱国运动。

北平学生的爱国行动，得到了全国学生的回应和全国人民的支持，形成了全国人民抗日民主运动的新高潮，推动了抗日民族统一战线的建立。

一二·九运动公开揭露了日本帝国主义侵略中国、吞并华北的阴谋，打击了国民党政府的妥协投降政策，大大地促进了中国人民的觉醒。它配合了红军北上抗日，促进了国内和平和对日抗战，标志着中国人民抗日民主运动新高潮的到来。正如毛泽东所指出的，一二·九运动"是抗战动员的运动，是准备思想和干部的运动，是动员全民族的运动，有着重大的历史意义"。

◎文苑拾萃

天上的街市

郭沫若

远远的街灯明了，

好像闪着无数的明星。

天上的明星现了，

好像点着无数的街灯。

我想那缥缈的空中，

定然有美丽的街市。

街市上陈列的一些物品，

定然是世上没有的珍奇。

你看，那浅浅的天河，

定然是不甚宽广。

那隔河的牛郎织女，

定能够骑着牛儿来往。

我想他们此刻，

定然在天街闲游。

不信，请看那朵流星，

哪怕是他们提着灯笼在走。

ZHONGHUACHUANTONGMEIDEBAIZIJING

中华传统美德百字经

律·严以律己

第二篇

清廉自律，以身作则

正直自律的父与子

◎贵之不喜，贱之不怒；苟利于民，廉于利己。——
《孔子家语·弟子行第十二》

> 胡质（?—250年），字文德，淮南寿春人，少与蒋济、朱绩知名江、淮间。蒋济为别驾，推荐胡质与曹操，召为顿丘令，魏文帝时官至东莞太守。胡质在东莞9年，政通人和，上下称颂；后迁荆州任刺史，政绩依然卓著。他一生为官清廉，不经营家产私业，家中没有多余财产。

胡质是三国时魏国的一位太守，他为人正直，执政清廉，虽先后任过县令和太守，但其家人一直过着很清贫的生活。

有一年，胡质升任荆州刺史，他的儿子胡威从京都来看望他。由于家境清贫，没有车马仆僮，胡威只得独自赶着毛驴前来探望父亲。父子在荆州相聚了十余天后，儿子胡威要返回京都了。临别时，胡质拿出一匹细绢，送给儿子以作为归途中的盘缠。

胡威见到这匹细绢，竟然大吃一惊，忙向父亲跪下，不解地问道："父亲大人，您一向廉洁清白，不知是从哪儿得到这匹细绢？"

胡质深知儿子的心意，高兴而又坦然地笑着对儿子说："孩子有所不知，这不是赃物贿品，而是我从薪俸中节省下来的，所以用来给你做路上的盘缠。"

胡威听父亲这么一说，才伸手接过细绢，告别了父亲。

胡威独自赶着毛驴踏上了归途。一路上，他每到客栈，都是自己放驴、劈柴煮饭，从不雇用别人。三天后，一位自称去往京都的人提出与胡威同行。此人谈笑风生，为人慷慨大方，自和胡威同行之后，百般殷勤地照料着胡威。

他不仅处处帮着胡威筹划出主意，有时还请胡威吃喝。这样一连几天，胡威心中暗暗纳闷。心想，此人看来心眼儿并不坏，但他与我素不相识，为什么对我一见如故，又如此百般殷勤呢？

原来，此人是胡威父亲胡质属下的一个都督，早就有意巴结讨好胡质，但听说胡质为人正派清廉，最不喜欢溜须拍马之人，所以一直没找到合适的理由和时机。这次，他听说胡质的儿子要独自回京都，自认为是个大献殷勤的好机会，于是他探听得胡威起程的日子，就提前以请假回家为理由作好了准备，暗中带着衣食之物，在百里外的地方等着胡威，以便同他结伴而行。所以，他在与胡威同行后才有这一番表现。

胡威在多次与那人谈心中，终于得知了真情。于是，胡威立即从自己的行包中取出了父亲送给他的那匹细绢，递给这位都督，以此偿还他一路花销的费用和情意。都督自然是拒绝不收。胡威说："我父亲的为人你应该是知道的。他执政廉洁，为人清白，从不接受别人馈赠，我做儿子的如果仗着他的权势占别人的便宜，就等于在这匹白绢上面泼上了污水，岂不大错特错了吗？"

那都督看到胡威态度如此坚决，心想：真是有其父，必有其子。只好十分尴尬地拿着那匹细绢和胡威道别了。

◎故事感悟

胡质父子为人正直清廉，及时检查检讨自己，补救了在不知情的状况下所犯的过失，并以布的洁白而自勉，值得后人尊敬。

◎史海撷英

睚眦之恨

三国时曹操手下的大将张辽，曾与护军武周产生了隔阂。后张辽通过刺史温恢欲与胡质交好，胡质以身体有病为由拒之。一次，张辽见到胡质，问："末将一心一意想同您交好，为何先生对我如此冷淡呢？"胡质说："古时候的人交朋友，取多知其不贪，奔北知其不怯，闻流言而不信，所以才能长久相交。武周身为雅士，以前将军称赞武周不绝于口，现在因为一点睚眦之恨，反成嫌隙；何况我胡质才识浅薄，怎么能保证友情常在呢？因此不敢与你交往。"张辽听了胡质的话，很有感触，于是主动和武周复交。

◎文苑拾萃

铜雀台

在史书里，在汉赋、唐诗、宋词里，铜雀台都只是一个令人浮想联翩的虚拟形象。真实的铜雀台，是在今邯郸市临漳县城西十七公里的古邺城遗址内的三台村西。这里原是三国时邺城的旧址，前临河洛，背倚漳水，虎视中原，凝聚着一派王霸之气。建安十五年（210年），曹操取得北证、东进等胜利之后，在此大兴土木，建成铜雀、金凤、玉龙三台。其中铜雀台最为壮观，台上楼宇连阙，飞阁重檐，雕梁画栋，气势恢宏。建成之日，曹操在台上大宴群臣，慷慨陈述自己匡复天下的决心和意志，又命武将比武，文官作文，以助酒兴。一时间，曹氏父子与文武百官觥筹交错，对酒高歌，大殿上鼓乐喧天，歌舞拂地，盛况空前。但如今，历经了千年风雨洗蚀，昔日的铜雀台已只剩下一堆残垣颓壁。千余平方米的黄土青砖台基，孤独地静卧在蓑草斜阳中，任凭游人叩问，也终是无言。

史载，铜雀台原高十丈，殿宇百余间。台成，曹操命其子曹丕登台作赋。曹操次子曹植，才思敏捷，援笔立就，也写下了《登台赋》一篇，操大异之，传为美谈。曹操用重金从匈奴赎回著名才女蔡文姬，在铜雀台上接见并宴请她，蔡文姬便在此演唱了著名的《胡笳十八拍》。铜雀台及其东侧的铜雀园，当时是邺下文人创作活动的乐园。铜雀台与建安文学有着不解之缘。曹操、曹丕、刘帧、陈琳、蔡文姬、邯郸淳等，经常聚集在铜雀台，用自己的笔直抒胸襟。他们慷慨任气，抒发渴望建功立业的雄心壮志；他们悯时悼乱，反映社会现实和人民群众的悲惨生活。他们在铜雀台上掀起了中国诗歌史上文人创作的一个高潮。由于其时正是汉献帝建安年代，故后世称为"建安文学"。

杜暹埋金

◎非礼勿视，非礼勿听，非礼勿言，非礼勿动。——
《论语·颜渊第十二》

> 杜暹（？—740年），濮州濮阳（今河南濮阳）人，曾任郑尉、大理平事、监察御史、给事中、黄门侍郎兼安西副大都护等职，在任安抚将士，不怕勤苦，清廉有节，颇得当地各族人民的欢迎。玄宗开元十四年（726年）杜暹拜相，任黄门侍郎同中书门下平章事，以廉洁著称；后因与宰相李元绂不和而被免相，左迁荆州长史；后又任魏州刺史、太原尹、礼部尚书等职，封魏县侯；开元十八年卒，谥号贞孝。

　　杜暹是唐朝时的监察御史。不论是在地方做官，还是在朝中任职，他都始终廉洁正直，一身正气。

　　杜暹担任的监察御史，正是负责官员监察工作的。一次，新疆西北安西地区的汉族官员与少数民族官员之间发生矛盾，于是朝廷派他前去调查。

　　杜暹日夜兼程，到达安西。他首先到少数民族官员那里了解情况。

　　少数民族的官员们按他们的民族礼节，设宴隆重地款待杜暹。席间，他们拿出很多金子作为见面礼赠给杜暹说："大人不辞辛苦，远道而来，为我们主持公道，特备薄礼敬上，以表我们的心意。"

　　杜暹连忙站起身来，推辞说："不可！本官是受朝廷之命，前来看望各位，并希望你们和汉族官员能重修前好，和睦相处，共同效命于国家。"

　　少数民族的官员们一片诚心执意送金，杜暹推辞再三，双方出现僵局。见此情景，随从人员悄悄走到杜暹面前说："大人您来到这样边远的地区，又担负着调解矛盾的责任，可不要冷落了他们。"杜暹不得已只好暂时收下了这些赠金。夜深了，当地的官员们都各自散去。这时，杜暹叫人悄悄地把这些金子埋在自己所住的帐幕下面。

公务完毕，杜暹离开当地。在返程途中，杜暹已写了一份公文，派人送往少数民族的官员，告之那些金子埋在了帐幕下，请他们取出收回。

杜暹"埋金不受"这件事，给当地的少数民族和汉族官员留下了深刻的印象。后来，他们中的许多人还奏请朝廷，请求能派杜暹到安西那里去任职。

◎故事感悟

杜暹尽管在特殊情况下收取了金银，但是秉性操守并没有改变，并于公务完毕之后将金银返还。这个故事告诉我们做事既需变通，又不要违背自己的原则。

◎史海撷英

长从宿卫

唐初年，兵制沿用隋朝的府兵制，兵农不分。至开元十一年（723年），府兵壮丁已逃亡殆尽。唐玄宗不得不下令停止府兵番上，并采纳了兵部尚书张说的意见，实行募兵制，用以解决京师的戍卫问题。十一月，唐玄宗命尚书左丞萧嵩与京兆（今陕西西安市）、蒲（治河东，今永济西南蒲州镇）、同（治冯翊，今陕西大荔）、岐（治雍县，今陕西凤翔）、华（治郑县，今陕西华县）等州长官，在当地招募和挑选府兵与白丁12万，谓之"长从宿卫"，一年分两番轮流戍卫京师。这是唐朝第一次用募兵制招兵，不久"长从宿卫"便改称"扩骑"，成为保卫京城的主要力量。

顾恺之设计烧债券

◎求备之心，可用之以修身，不可用之以接物。——《围炉夜话》第一五九条

> 　　顾恺之（348—409年），字长康，小字虎头，晋陵无锡（今江苏无锡）人。顾恺之博学有才气，工诗赋、书法，尤善绘画。顾恺之精于画人像、佛像、禽兽、山水等，时人称之为三绝：画绝、文绝和痴绝。顾恺之与曹不兴、陆探微、张僧繇合称"六朝四大家"。顾恺之作画，意在传神，具有"迁想妙得"、"以形写神"等特点，以及提出的"六法"，为中国传统绘画的发展奠定了基础。

　　顾恺之是南北朝时宋国吴郡太守，他政治清简、风节严峻，素为人们所敬重。

　　一天，他的一位朋友来看望他，说："我有一言，不知当讲不当讲？"

　　顾恺之笑了笑，说："有话请讲，不必顾虑。"

　　那位朋友犹豫了一会儿，说："是关于你家公子的坏话。"

　　顾恺之严肃地说："那更应该讲。若隐瞒于我，那倒是害了我呀！"

　　那朋友见顾恺之并无反感，而且诚心诚意。就说："你的儿子顾绰这些年来不择手段地敛了许多钱财，而且还在外放债，收取高利。如不加管束，怕是会越演越烈啊！"

　　顾恺之听了大吃一惊，连连向友人道谢说："谢谢你告知我此事，不然，我仍被蒙在鼓里，岂不害人害己啊！"

　　送走了友人，顾恺之叫来了儿子顾绰。

　　顾绰可能也有所预感，见了顾恺之，哆嗦着问："父亲唤我有何吩咐？"

顾恺之十分生气地问："听说，你有许多钱？"

顾绰只得点点头，答："是。"

"钱是怎么来的？"顾恺之接着问。

顾绰想了想，说："做生意赚了些钱，又将钱放债出去……"

顾恺之一跺脚，骂道："逆子！谁让你去谋财放债！你赶紧悬崖勒马，不然我饶不了你！"

顾绰连忙答应说："是，是，我一定遵照父亲的话办。"

此后，顾绰虽表面上收敛了一些，但实际上仍在放债，只是做得更隐蔽了。

俗话说，要想人不知，除非己莫为。顾绰年复一年，变本加厉，债放得越来越多，致使远近乡里许多人都欠了他的债。

顾绰继续在外放债的事终于还是传到了顾恺之的耳朵里。顾恺之想了想，一天，他把身边的侍从叫来叮嘱一番，设下了一计。

顾恺之坐在堂上，命侍从说："叫顾绰前来。"

顾绰听说父亲叫他，心想准没好事，不是教训，就是追查放债之事。硬着头皮，顾绰来到父亲跟前，施礼后问道："父亲唤儿有何吩咐？"

顾恺之和颜悦色，指指旁边的椅子，说："我儿坐下。"

顾绰见父亲这样待他，一颗悬着的心落地了。坐下后，顾绰等着父亲再问。

顾恺之望了望儿子，脸上装出为难的样子，说："听说我儿有些债券，眼下为父有急用钱财之处，不知我儿可否给我用一些？"

顾绰一听，心里立时高兴起来，忙对父亲说："父亲如要用钱，当然可以。"

顾恺之停了停，问："但不知我儿有多少债券？"

顾绰忙不迭地夸耀说："可不少呢！"

"很多？"顾恺之故作惊讶地再问。

"可不是嘛！"顾绰趾高气扬地说。

"为父可以看一看吗？"

"父亲不相信？"

"拿来我看，就信了。"

"好，您等我去取来。"

不一会儿，顾绰搬来一只箱子，放在大堂中央。

顾恺之不慌不忙地说："打开。"

"是。"

顾绰打开锁，掀开箱盖，箱子里果然装满了债券。

顾恺之走到箱子跟前，说："好，好，待为父看来。"他仔细看了看，没有假，便直起腰来，突然大声呼唤道："侍从过来！"

几个侍从跑了过来。

顾绰还没明白父亲什么意思，那几个侍从抬起箱子就走。

"你们干什么？"顾绰着急地问。

顾恺之制止儿子说："不要急，你稍等，就会知道他们干什么了？"

侍从将一箱子债券抬到院子中，点起了一堆火，然后"忽——"地一下，将全部债券投入火中。

顾绰一看，哭着冲上去，大声喊道："不能烧，不能烧！"但已来不及了，呼啦啦的火苗很快烧光了那些沾满了无数人家血泪的债券。

顾恺之哈哈大笑，说："顾绰，不用哭。你已经陷得很深了，烧了这些债券，从此可以清清白白做人了。"转过身来，顾恺之又对侍从说："传言乡里，有借顾绰债的，一笔勾销，不用还了！"远近乡里那些借债的、没借债的，听到这个消息无不赞扬顾恺之严于律己、严于教子、清廉公正的品格。

◎故事感悟

做人既要严于律己，也要对身边的人严格要求，这是中华民族几千年来积淀的优秀道德传统。

◎史海撷英

顾氏祖孙

顾氏祖孙心迹清全，一身正气。他们厌恶官场中拉帮结伙、争权夺利的恶习

及以权谋私、贪得无厌的赃官，从不与之合流。宋泰始元年（465年），社会动荡，四方同反，诸王图谋篡权。时任会稽郡太守的寻阳王刘子房为扩张势力，许以加封号"思惠"来拉拢宁朔将军顾恺之。顾恺之则以年近80"残生无几"为托辞拒不受。齐永明六年（488年），西陵戍主杜元懿以"吴兴无秋，会稽丰登"为由，奏请齐武帝加倍增收会稽郡内几个要道卡口的税赋，并称每年可增收500万两。时兼行会稽郡事的顾宪之遵旨调查，向齐武帝"直陈管见"，认为杜元懿的主张是以增税之名行巧取豪夺、聚敛私财之实，因此，他极力主张不增税赋，"因循除弊，诚宜改张"。后齐武帝准奏，使杜元懿失去一次中饱私囊的机会，而顾宪之的一纸奏章，使他自己"以方直见委"之名声大振。

◎文苑拾萃

顾恺之绘画的特点

顾恺之的人物画，强调传神，注重点睛。认为"传神写照，正在阿堵（指眼珠）中"。其笔迹紧劲连绵，如春蚕吐丝，又如春云浮空，流水行地，皆出自然，通称为高古游丝描。着色则以浓色微加点缀，不求藻饰。他善于用睿智的眼光来审察题材和人物性格，加以提炼，因而他的画具有一定的思想深度，耐人寻味。顾恺之是继东汉张衡、蔡邕等以来所有士大夫画家中成就最突出的画家。他总结了汉魏以来民间绘画和士大夫画的经验，把传统绘画向前推进了一大步。与他同时代的谢安对他的评价极高，认为"顾长康画，有苍生来所无"。对于顾恺之的画艺，谢赫在《画品》中仅置之于第三品，评价不高，因而引起稍后的姚最以至唐代李嗣真等人的不平，认为这是"曲高和寡"，任意抑扬，应将顾恺之与陆探微"同居上品"。唐代张怀瓘有一段评论说："像人之美，张（僧繇）得其肉，陆（探微）得其骨，顾（恺之）得其神，以顾为最。"这段评论对后世颇有影响，差不多已成为定论。

为官自律的于谦

◎罪己则无尤。——《张子正蒙·有德篇第十二》

　　于谦（1398—1457年），字廷益，号节庵，明代名臣，民族英雄。于谦官至少保，世称于少保，祖籍考城（今民权县），故里在今民权县程庄乡于庄村。于谦的曾祖于九思在元朝时离家到杭州做官，遂把家迁至钱塘太平里，故史载于谦为浙江钱塘人。于谦与岳飞、张煌言并称"西湖三杰"。

　　于谦，字廷益，钱塘（今杭州）人，明朝杰出的政治家、军事家、民族英雄。

　　于谦自青年时代就抱定以天下为己任的宏愿。他为官30余年，先后任过山西道监察御史、兵部右侍郎兼河南、山西都御史、兵部左侍郎兼巡抚、兵部尚书等职。由于他特别注重做人与为官的节操，认定"名节重泰山，利欲轻鸿毛"，一生不改谦虚简朴的本色，人们赞扬他是：铮铮铁骨，一身正气；重节轻利，两袖清风。

　　明英宗朱祁镇即位时，太监王振把持朝政，勾结内外贪官污吏，擅作威福。那时，外地官员进京，必须馈送重金厚礼，不然，轻则办事困难，障碍重重；重则降职免官，甚至下狱遭殃。对此，于谦从不趋炎附势，从不随波逐流。他在外地做官时，每次进京从不带任何行贿之物，只带随身行装。

　　一次，一位好心的朋友劝他说："你不带金银入京，带点手帕、蘑菇之类的土特产品送一送也不妨么。"

　　于谦举起袖子，笑着说："谁说我没有带东西呀？你看，我这不是有两袖清风吗？"

为此，他还作了一首《入京》的诗："绢帕蘑菇与线香，本资民用反为殃。清风两袖朝天去，免得间阎话短长。"

正统十四年（1449年），土木堡之战，明军大败，英宗被俘。为保卫北京，挽救明朝危亡，于谦功劳卓著，被誉为"救时宰相"。但于谦从来口不言功，行不倨傲。一些功不及于谦的人，得到的封赏却重于于谦，心中过意不去。于是，这些人就上书皇上，建议给于谦儿子加官升级，以示奖功赏绩。

一天，景帝召见于谦说："众臣为你请功，你以为如何？"

于谦恳切地面辞说："国家多事，做臣子的不应考虑自己的私利，请皇上不必多虑！"于谦一心为国，一生清廉，虽身居高位，却向来不置家产，连自家所住房屋也极为普通，常被人们认为是普通百姓之家。他59岁那年因遭诬陷后被害，朝廷派人抄家，才发现他家里没有一点私财。只有正室锁闭严实，打开一看，里面只放着景帝赐给他的蟒袍和剑器。

于谦的一生终如他年轻时所写的《石灰吟》七律诗一样："千锤百凿出深山，烈火焚烧若等闲。粉骨碎身浑不怕，要留清白在人间。"

◎故事感悟

一生为国，终生为民；严于律己，清白于世。于谦是中国人千秋万代永远的楷模。

◎史海撷英

两袖清风

明朝正统年间，宦官王振以权谋私，每逢朝会，各地官僚为了讨好他，多献以珠宝白银，巡抚于谦每次进京奏事，总是不带任何礼品。他的同僚劝他说："你虽然不献金宝、攀求权贵，也应该带一些著名的土特产如线香、蘑菇、手帕等物，送点人情呀！"于谦笑着举起两袖风趣地说："带有清风！"以示对那些阿谀奉承之贪官的嘲弄。"两袖清风"的成语从此便流传下来。

◎文苑拾萃

《明史》

　　《明史》是二十四史最后一部，共 332 卷，包括本纪 24 卷，志 75 卷，列传 220 卷，表 13 卷。它是一部纪传体明代史，记载了自朱元璋洪武元年（1368 年）至朱由检崇祯十七年（1644 年）二百多年的历史。其卷数在二十四史中仅次于《宋史》，但其修纂时间之久、用力之勤却大大超过了以前诸史。修成之后，得到后代史家的好评，认为它超越了宋、辽、金、元诸史。

己不正焉能正人

◎古之兴者，在德薄厚，不以大小。——南朝·宋·范晔

严本（生卒年不详），字志道，江阴人，明朝大臣。严本少通群籍，习法律，以傅霖《刑统赋》辞约义博，注者非一，乃著《辑义》四卷。

明朝常州府江阴县的严本是当地很有名望的人。他幼小丧母，八岁到嘉定县姑姑家从师学习，后回江阴，读书种田奉养父亲。他与本地德高望重的乡贤结为忘年之交，把自己住的房子题名"君子斋"。永乐年间，严本曾经受到江阴县令的举荐，仁宗时被授予大理寺左寺正。严本为官清廉，生活简朴，注重名教。严本小时候喜好玩琵琶，受了父亲的教育就不再玩了；后来又曾特别爱喝酒，喝起酒来不顾一切，受了乡贤黄友古老先生的教育也有所改正。之后在读了程子关于制外安内的一些言论后，更使他顿然清醒，从不喝酒开始，进一步推及到其他方面：淫荡的乐声不听，靡丽的图画不看，亲朋好友设宴席如果有歌妓劝酒，他就坚决回避。凡是他参加宴请招待时，也只是按礼节应酬一下，从不大吃大喝。他不忘孔子关于对鬼神要敬而远之的训教，凡是有关鬼神迷信的事绝口不谈；看见别人家的妇女到寺观庙宇中去，总要对人指斥她们的非礼。有人劝他不要这样做，会得罪人遭埋怨的。由于他注重修养，在永乐年间被授予大理寺左寺正的官职。严本曾理直气壮地说："我是以名教为重的，还怕什么别人埋怨。"但对于一个执掌刑律的官员来说，自己不正，怎能正人呢？

◎故事感悟

　　严本的做法似乎有点不近人情，他相信的是己不正，焉能正人。只有自己作风端正、行为规范，才能给身边的人起到带头作用，做出一个很好的表率。也正是由于他注重自己的个人修养，对自己这么严格的要求才使得他受到重用，成为了一个有名望的人。

◎史海撷英

忠义之邦

　　江阴被称为"忠义之邦"，源于明末抗清守城战，当年那可歌可泣、壮怀激烈的81天，江阴人以血染的风采光耀史册，忠烈之气与天地共存。战后，为了安抚江阴百姓，满清统治者采取了怀柔政策，尤其是那位乾隆皇帝，在乙酉守城战131年后，对抗清三公——阎应元、陈明遇、冯厚敦，分别赐谥"忠烈"、"烈愍"、"节愍"。而第一位赞誉江阴为"忠义之邦"的，则是清嘉庆年间的江苏学政姚文田。据《道光江阴县志》记载，这位学政大人"督学时念邑殉乙酉之义，特书忠义之邦四大字"。当时，主持君山梅花书院的诸生何春煦，将这四个字摹勒后，悬挂于书院仰止堂内。道光二十三年（1843年）江阴修城时，知县金咸请邑人张锡龄，将20多年前姚文田书写的"忠义之邦"四字临刻于石，每字两尺见方，嵌入南门城垣。进出南门的江阴人，看到这雄浑有力的四个字，无不平添几分自豪感。

◎文苑拾萃

《刑统赋》

　　宋代律学博士傅霖撰。全书2卷，《宋史·艺文志》殿本说是4卷。宋太祖建隆四年（963年）颁行《宋刑统》，傅霖以其不便阅读和记忆，于是将全部律文的要旨，用韵文体裁撰为律学读本，并自行作注，解说韵文含义。全赋共8韵，每韵少者数语，多者数十语，都用骈体文对仗写出。

　　本书对当时和后世影响较大，很多人为之作注。据统计，金元年间《刑统赋》的注本有90种之多。

　　现存世注本有三种，均收入沈家本辑刊的《枕碧楼丛书》中。

左宗棠律己将兵

◎禁之以制，而身不先行，民不能止。——《晏子春秋·内篇杂下二》

> 左宗棠（1812—1885年），字季高，湖南湘阴人，号湘上农人，晚清重臣，军事家、政治家、著名湘军将领。由于历史的局限，他一生经历了湘军平定太平天国运动、洋务运动、镇压陕甘回变和收复新疆等重要历史事件。他自幼聪颖，14岁考童子试中第一名，曾写下"身无半文，心忧天下；手释万卷，神交古人"的对联以铭心志。

左宗棠，清代时湖南湘阴人，曾任闽浙、陕甘总督和协办大学士、军机大臣等职。他的一生中，大半生是在戎马倥偬中度过的，晚年病逝于抗法前线的福州。

左宗棠出身农家，平日过惯了寒素生活。做官时，他常亲自灌园种菜，不喜玉食；治军时，常到军中走动，与士兵一起劳作。

一年，左宗棠督师到甘肃安定县。兰州道蒋凝学见他已是61岁高龄，因而劝他迁往省城兰州总督府居住。然而他却想到正在前线浴血奋战的广大官兵比他更为艰苦，硬是谢绝了其部属的一番好意，坚持与士兵同甘共苦，住进军中帐篷。

左宗棠不仅自己身先士卒、与将士同享甘苦，平时还不断要求他的部将要爱兵犹如爱子，告诫他们带兵时要有如带子弟那样去带他们。在他亲自制定的《禁军管制》中，还专门写了体恤兵勇的条文。每当在打仗时，因奋勇而阵亡、或伤重而身故的兵丁，凡家境贫寒者，左宗棠除了要求官府给予抚恤外，他自己还掏腰包补贴他们的遗属，以示慰问。

1875年，清政府任命左宗棠为钦差大臣，前往新疆督办军务。在挥师西征途中，一路上他只住营帐，从不住公馆。他常穿着一身布衣长袍，守着一张白木板桌办公。在恶劣的气候条件下，帐外或沙土飞扬，或雨雪交加，他仍是伏在灰暗的灯烛下不辞辛劳地处理繁重的军务。实在劳累极了，他就踱出帐外和军士聊天，丝毫不摆长官架子。

左宗棠坐镇于酒泉，运筹于帷幄，繁重的军务终于把他累倒了。但是，为了早日从沙俄手中收复新疆失地，实现他"与西事相始终"的誓言，他不顾自己"衰病日臻"的病体，继续率军西征。

军队在向哈密行进的途中，正遇上漫天风沙、冰雪交加的恶劣天气。沿途地方官吏为照顾他的病体，多次力劝他住进公馆，左宗棠都执意不从，依旧是住在营帐之中，坚持与将士们同甘共苦。

为了向全军将士表示他誓与沙俄侵略军决一死战的决心，在行军中左宗棠还特意命令其部属抬着棺材随军前进，随时准备为国捐躯。

左宗棠的这种誓不生还、效命疆场的悲壮之举，极大地激励和鼓舞了全军将士讨伐侵略者的士气和决心。因此，在出征和追剿阿古柏匪帮的战斗中，全军上下出现了万众一心、奋勇杀敌的壮烈场面。

◎故事感悟

左宗棠在历史上是个功过各半的人物，但他身为军中将帅，在带兵征战中事事严于律己、身先士卒、与士兵同甘共苦的事迹一直为后人所称颂。

◎史海撷英

晚清中兴四大名臣

曾国藩（1811—1872年）初名子城，字伯涵，号涤生，湖南省长沙府湘乡县人，是中国历史上最有影响的人物之一。他从湖南双峰一个偏僻的小山村以一介书生入京赴考，中进士留京师后十年七迁，连升十级，37岁任礼部侍郎，官至二品。后因母丧返乡，恰逢太平天国巨澜横扫湘湖大地，他因势在家乡拉起了一支特别的民团湘军，历尽艰辛为清王朝平定了天下，被封为一等勇毅侯，成为清代以文人而封武侯的第一人。之后曾国藩历任两江总督、直隶总督，官居一品，死后被谥"文正"。

胡林翼（1812—1861年），字贶生，号润芝，湘军重要首领，湖南益阳县泉交河人。胡林翼1836年（道光十六年）中进士，授编修；1840年先后充会试同考官、江南乡试副考官；1846年以知府分发贵州，历任安顺、镇远、黎平知府及贵东道，在任强化团练、保甲，镇压黄平、台拱、清江、天柱等地苗民起义和湖南李沅发起义，后总结战争经验编成了《胡氏兵法》。

左宗棠（1812—1885年），汉族，字季高，湖南湘阴县人，号湘上农人。在1852年的时候，左宗棠进入湖南巡抚衙门，担任幕僚，这一年他已经40岁了。左宗棠在48岁那一年结束了他的幕僚生涯，作为一名湘军主帅带兵作战。左宗棠的累累战功，使得各种官职和头衔像流星雨一般落在了他的头上：浙江巡抚、闽浙总督、太子少保衔、一等伯爵、赏穿黄马褂、赏戴双眼花翎。

彭玉麟（1816—1890年），字雪琴，清衡阳县人。他曾跟随曾国藩四处征战，后来逐渐成长为湘军水师的统帅。湘军水师纵横长江十多年，攻克了沿江所有的战略要地：武昌、湖口、九江、安庆和天京。朝廷没有忘记湘军水师的赫赫战功，不断给彭玉麟封官晋爵。而这位水师统帅并没有因此而享受人生，相反，他终其一生都是郁郁寡欢。如此不合情理的现象，让后人产生了无数的遐想和猜测。

◎文苑拾萃

船政学堂

船政学堂是清朝船政大臣沈葆桢在1866年于福建福州马尾港所设的海军学院，又称福建船政学堂、福州船政学堂或马尾水师学堂。船政学堂最初称"求是堂艺局"，是专门为福建船政培训人才而设。学堂成立之初即聘用外国教习教授造船、航海等专业知识，毕业生中优异者更会被派注西欧各国深造。船政学堂被称为中国海军摇篮，除了是近代中国首家海军及航海学院外，它亦是首家现代军事学院和首家现代专业院校。船政学堂的毕业生不少成为北洋海军的高级将领外，部分亦有中国近代的著名知识分子。

朱德模范遵守党纪

◎有德者必有言，有言者不必有德。——《论语·宪问》

朱德是深受全国人民崇敬和爱戴的老一辈无产阶级革命家，生前担任中央军委副主席、全国人大常委会委员长等重要职务。

抗日战争时期，朱德担任八路军总司令。他和身边工作人员编在一个党小组，每次过组织生活，他都主动参加。

有一次，党小组讨论如何落实毛泽东同志向全党发出的"自己动手，克服困难"的号召，研究如何发展生产问题。党小组的同志看到朱德的工作太忙，就没打算给他分配具体任务，所以，那次会议没有通知他参加。

第二天朱德听说后，找到党小组长问道："昨天的会议为什么不通知我参加？"

"我们看您工作太忙，所以……"

"那怎么行啊？毛主席号召我们自己动手，克服困难，这么大的事情，我不能特殊，我也有一份。"接着，朱德又耐心地对党小组长说，"在我们党内，每个人都是普普通通的党员，党内不能有特殊的党员，总司令也不例外。以后不管开什么会，都要通知我参加。"

党小组根据朱德同志的要求又重新开了一次会，会上安排他和一名炊事员、一名警卫员，一起承担机关二亩地的种菜任务。

从此，每天傍晚，朱德便同大家一起抬水、浇地、除草……两名战士看到总司令亲自带头，干得更起劲了。

新中国成立以后，朱德同志仍然把党的事业看得高于一切，自己从不居功自恃，甘做人民公仆，对亲属和子女也是处处严格要求。

如今，在中国人民革命博物馆西三楼展览厅，陈列着一张两万多元的巨额存款单。原来，这是朱德夫人康克清按照朱德同志生前的嘱托，把朱德在二十多年来省吃俭用积蓄起来的钱全部作为党费交给了党。

朱德在逝世前不止一次嘱咐说："我只有两万元存款，这笔钱不要动用，不要分给孩子们，把它交给党组织，作为我的党费。子女们应该接革命的班，继承艰苦奋斗的光荣传统，而不是接受金钱和享受，那样是害了他们。"他还对孩子们讲："我不要孝子贤孙，要的是革命接班人！我要尽到我的责任，把你们培养成无产阶级革命事业接班人。"

◎故事感悟

朱德无论何时何地，都把自己当作革命队伍中普通的一员，党内党外，从不搞特殊化，一贯模范地自觉遵守党的纪律，体现出老一辈革命家的革命风范。

◎史海撷英

湘南起义

湘南是大革命时期农民运动蓬勃发展的地区。大革命失败后，湘南地区的共产党员和革命群众在白色恐怖下仍继续坚持斗争。1927年冬，中共湘南特委根据中共中央和中共湖南省委的指示，在湘南各县城镇和乡村中恢复和建立了工会、农会及起义队、赤卫队等组织，为湘南起义创造了条件。

1928年1月中旬，朱德、陈毅率领南昌起义军余部2000多人，从粤北转至湘南宜章县境。此前，中共湘南特委已制定《湘南暴动计划》。于是，湘南特委所属宜章县委即找朱德、陈毅等汇报了宜章的敌情。朱德了解到宜章县城敌人力量空虚，就提出了智取宜章的方案。由地方游击队领导人胡少海（共产党员，出身豪门，身份没有暴露）以国民革命军第十六军140团团副的名义，率领一支先遣队进驻宜章，稳住宜章的上层统治者后，大部队随即跟进。为了不让反动头目逃脱，要胡少海以"宴请桑梓父老"为名，对准备捉拿的人都送去请柬，并在宴前设下埋伏，以便一网打尽。

◎文苑拾萃

游南泥湾

朱德于 1942 年 7 月 10 日

纪念七七了，诸老各相邀。

战局虽紧张，休养不可少。

轻车出延安，共载有五老。

行行卅里铺，炎热颇烦躁。

远望树森森，清风生林表。

白浪满青山，绿叶栖黄鸟。

登临万花岭，一览群山小。

丛林蔽天日，人云多虎豹。

去年初到此，遍地皆荒草。

夜无宿营地，破窑亦难找。

今辟新市场，洞房满山腰。

平川种嘉禾，水田栽新稻。

屯田仅告成，战士粗温饱。

农场牛羊肥，马兰造纸俏。

小憩陶宝峪，青流在怀抱。

诸老各尽欢，养生亦养脑。

薰风拂面来，有似江南好。

散步咏晚凉，明月挂树杪。

张闻天公而忘私

◎君子怀德，小人怀土；君子怀刑，小人怀惠。——《论语·里仁》

> 张闻天（1900—1976年），曾化名洛甫、洛夫等，上海市人。张闻天生前曾是党和国家的重要领导人之一，又是著名的翻译家、作家和经济理论家，为中国人民的革命和建设事业作出过重要贡献。

"文化大革命"期间，张闻天受到诬陷，先后被遣送到广东肇庆和江苏无锡。然而他始终无怨无恨，保持着一个共产党人的律己宽人的修养和胸怀。

1974年2月，张闻天恢复组织生活，仍住在广东肇庆。但这时他身体不好，冬天时身体怕冷，为了取暖方便，家里为他购买了一只电炉。电炉安装好后，他立即打听电工的安装费用问题，要由自己来付安装费。这时，工作人员告诉他说："不必了，由公家报销吧！"

张闻天一听不同意，说："私人的事，怎么能让公家出钱呢？这样做不好，这是假公济私。"

第二天，他特地给市委负责人写了一封信，信中说："请你们把安装电炉的费用告诉我，由我个人负责支付。今后每月应交电费也请通知我，以便按时交纳。"

市委的同志收到他的信，很受感动，只好答应了他的请求。

张闻天平时生活十分节俭，从不奢侈浪费。他经过几十年的积蓄，加上平反后补发给他的工资，有了4万元的存款。

在张闻天逝世前一年，他的孩子从新疆来肇庆探望他。有位身边的同志知道他有一笔款子，就劝他说："你的孩子在新疆生活很艰苦，千里迢迢来看你，你补发的那些钱不给一点，将来留给谁呢？"

张闻天回答他说："这几年我光吃闲饭，没做什么工作，很对不起党，将来我要把这些钱作为党费全部交给党。"

1976年，张闻天在无锡病重。临终前，他再三向夫人刘英交代说："我死后，请把我的钱全部交给党，作为我交的最后一次党费。"

夫人刘英默默地点点头。

张闻天没有听见她的回话，吃力地用颤抖的手比划着。见此情景，刘英禁不住泪水夺眶而出，忙说："放心吧，我一定会按你的话去做。"

张闻天这才点点头。

7月1日，张闻天病逝。不久，他夫人刘英按照他的嘱托，把他的4万元存款全部交给了党组织作为党费。

◎故事感悟

张闻天这种不计个人恩怨，一心向着党的伟大品格，令人由衷地敬仰和钦佩。

◎史海撷英

延安整风运动

遵义会议后，中国共产党在毛泽东的领导下，纠正了"左"、"右"倾机会主义的错误，使党的思想路线开始转到把马克思列宁主义普遍真理同中国革命实际相结合的轨道上来。但由于政治形势的迅速变化，对于"左"、"右"倾错误思想根源还没有彻底的清算。抗战爆发后，党内又增加了大批农民和小资产阶级出身的新党员。因此，党内存在着思想不纯、作风不纯的现象。针对这种情况，党中央决定在全党范围内开展一次大规模的整风运动。1942年春，整风运动开始。这次整风运动的内容是：反对主观主义以整顿学风，反对宗派主义以整顿党风，反对党八股以整顿文风。贯彻的方针是："惩前毖后，治病救人"，用"团结——批评——团结"的方式，达到既要弄清思想，又要团结同志的目的。采用的方法是：在精读马克思列宁主义基本文件基础上，反省自己的工作、思想，实事求是地进行批评与自我批评，具体分析产生错误的原因和克服错误的方法。党的高级干部还着重对于党的历史进行了学习、研究和讨论。这次整风运动，使党的领导机关和干部进一步掌握了马克思列宁主义的普遍真理同中国革命实践相结合的原则，树立了联系群众、调查研究、实事求是的优良作风，并帮助大量非无产阶级出身的新党员转变了思想立场，使全党紧密地团结在以毛泽东同志为首的党中央周围，为夺取抗日战争的最后胜利和人民民主革命在全国的胜利提供了思想和组织保证。

◎文苑拾萃

惩前毖后，治病救人

　　这是 1942 年开始的延安整风运动中为反对主观主义、宗派主义、党八股而采取的两条宗旨，也是正确地进行党内斗争所采取的一项重要政策。毛泽东在解释这个方针时指出："对以前的错误一定要揭发，不讲情面。要以科学的态度来分析批判过去的坏东西，以便使后来的工作慎重些，做得好些。这就是'惩前毖后'的意思。但是我们揭发错误、批判缺点的目的，好像医生治病一样，完全是为了救人，而不是为了把人整死。"这就从根本上结束了"左"倾机会主义的"残酷迫害，无情打击"的错误方针，并为后来正常情况下的党内斗争指明了正确的路线。

　　"惩前毖后，治病救人"的方针是毛泽东同志在深刻总结了中共党内斗争经验的历史基础上提出来的，实行这一方针能够达到既能弄清思想、又能团结同志这样两个目的。从此，使党的建设更加兴旺发达。

刘伯承赔碗

◎君子求诸己，小人求诸人。——《论语·卫灵公》

刘伯承（1892—1986年），原名刘明昭，中国人民解放军创始人和领导人之一，现代军事家。刘伯承1911年参加辛亥革命，入学生军，参加了护国、护法战争；加入中国共产党后，组织过泸顺起义、南昌起义，先后任过中央红军总参谋长、八路军一二九师师长、第二野战军司令员、军事学院院长、中央军委副主席等职。他对中国革命军队的建立和壮大、对革命战争的胜利和新中国的成立、对我军向正规化现代化的迈进都做出了不朽的贡献。

刘伯承同志早年参加革命时，曾参加领导了泸州顺庆起义、南昌起义；在红军长征和抗日战争中，曾率部智取遵义城、巧渡金沙江、强渡大渡河、挺进太行山、参加过"百团大战"；在解放战争中也为新中国的建立立下过不朽的功勋。

在革命战争中，刘伯承同志是位叱咤风云的战将；在日常生活中他又是位体恤民情、维护革命纪律的模范。

1947年盛夏的一天中午，刘伯承的儿子刘太行和房东大嫂的儿子一起坐在门前树荫下吃午饭。正吃着饭时，小太行不小心把那个孩子的饭碗碰落到地上，碗被打碎了。小太行吓坏了，把这件事告诉了妈妈汪荣华。

汪荣华连忙端着一个花瓷碗，拉着小太行来到房东家里。一进门，赶忙让儿子赔礼道歉，然后对房东说："大嫂，这碗赔给你。"

那大嫂一听，忙推辞说："咳，一只破碗碎了有什么关系，还赔个啥？"

"这是咱部队的纪律。"汪荣华说,"如果你不收下,老刘回来会批评我和太行的。"

房东大嫂只好把碗收下来。可等把她们母子俩送走以后,又觉得不该收这个碗。于是,硬是把花瓷碗又送了回去。

过了几天,刘伯承从前线回来,听说这件事后心里很不安。于是又亲自拿着花瓷碗,拉着小太行来到房东家,亲切地说:"大嫂,损坏东西要赔偿,这是我们解放军的纪律。你不收下这碗,不是让我们违反纪律吗?"

房东大嫂非常不情愿地接过碗,感动地说:"儿子打个碗,做娘的来送,当司令的爹也来赔,俺祖祖辈辈还从没听说过这样的事哩!"

◎故事感悟

俗话说,一滴水可以映照出太阳的光辉。刘伯承赔碗虽说是一件小事,却反映出他自觉遵守群众纪律的高贵品德。

◎史海撷英

泸顺起义

为了策应北伐战争,中国共产党发动了泸州、顺庆起义。1926年11月中旬,由杨闇公、朱德、刘伯承组成中共重庆地委军委,杨兼任军委书记,军委会负责领导全川军事运动,统一指挥四川武装起义,其具体计划是:争取驻防顺庆和合川的三个旅首先起义,以顺庆为根据地,在川中站住脚根,随即发动驻防泸州的三个旅起义,以相策应。然后把泸州起义军迅速北调,到顺庆会合,扩编为一个军六个师,以刘伯承任军长,创建中共实际领导的革命军队。

徐特立看病

◎发而不中，不怨胜己者，反求诸己而已矣。——
《孟子·公孙丑上》

> 徐特立（1877—1968年），原名懋恂，字师陶，中国早期革命家和教育家，湖南善化（今长沙县江背镇）人，是毛泽东和田汉等著名人士的老师。

　　徐特立是毛泽东同志十分尊敬的师长，也是全国人民敬重的革命前辈，新中国成立后又担任着中央的高级领导职位。

　　一次，徐特立到北京医院看病。正巧，这天看病的人很多，大家都自觉地坐在候诊室的长椅上等着叫号。徐老的警卫员一看这情形，有点急了，心想：徐老是最爱惜时间的，就这么等着，得空耗多少时间啊！于是，他走到徐老身边低声问道："徐老，这人太多了，我去跟医院张主任说一声，让医生先给您看，好不好？"

　　徐老忙摆了摆手说："不行，不行，不要惊动他们，还是依次序看好，稍等一下没关系。"

　　警卫员看了看长椅上坐着的许多人，又抬头望了望墙上的时钟，噘着嘴说："那够等的啦……"

　　徐老见警卫员有点儿不高兴，便招呼他坐下，拍着他的肩膀耐心地说："自己的时间宝贵，别人的时间就不值钱吗？我们要是不按次序看病，别人就要多等。无论做什么事，都要替别人想一想，不能光图自己一人方便。再说，你若去找张主任，因为我们跟他熟就特殊照顾，可以不按次序看病；如果熟人

都不遵守制度，那么这儿的秩序怎么维持呢？"

　　警卫员听徐老这么一说，觉得很有道理，也就耐着性子陪着徐老等着叫号了。

◎故事感悟

　　徐老事事、时时、处处都把自己当作一个普通的老百姓，严格要求自己，体贴关心别人，乃一国之表率。

◎史海撷英

徐特立断指明志

　　辛亥革命前夕的一天，徐特立在长沙修业学校向师生员工做时事报告。讲到帝国主义对中国的野蛮侵略，讲到软弱无能的清政府不能保护主权和人民，讲到中国的老百姓被欺侮、被屠杀……激昂悲愤之时，他拍案捶胸，声泪俱下。忽然，他猛地一个转身，跑到厨房取来一把菜刀，当着师生们的面，"嚓"的一声砍断了左手一截手指，顿时鲜血淋漓，溅染衣衫。接着，他用断指在白纸上写下八个血字：驱除鞑虏，恢复中华。听徐特立演说的青年顿时热血沸腾，群情激昂，呼声雷动。徐特立的断指壮举，很快传遍了长沙。

◎文苑拾萃

《徐特立教育文集》

　　《涂特立教育文集》是一部反映涂特立教育思想的重要著作。由中央教育科学研究所编，人民教育出版社1979年2月出版第一版。

　　文集编入了涂特立论述教育的文章、书信和诗篇等58篇，另有附录5篇记述涂特立有关教育的重要谈话，共计63篇。其中涂特立所写的58篇，写作起始年代为1912—1965年。

　　文集主要论述了这样几方面主要内容：1.涂特立根据我党制定的"科学的、

民族的、大众的"这样一个新民主主义革命文化教育总方针，提出了要研究科学、培养科技人才，要批判地吸收外国文化与中国古代文化，要开展扫盲运动。2. 提出了各科教学法的总原则，如不要单纯给大众已有知识，还要给以科学的方法；普遍真理要分科；既要重视书本知识的学习，又要注意教育实习。3. 提出思想教育应主要包括马克思主义哲学基本观点教育、道德教育和纪律教育。4. 提出教师既要做"人师"又要做"经师"，要先做群众的学生再做群众的先生，要站在时代的前列引导学生，社会要尊师。

徐特立的教育思想，不仅在当时有很重要意义，就是在今天仍具有现实意义。

陈赓严守军纪

◎我善养吾浩然之气。——《孟子·公孙丑上》

> 陈赓（1903—1961年），是中国共产党久经考验的忠诚的共产主义战士，杰出的无产阶级革命家、军事家，中国人民解放军的卓越领导人，新中国国防科技、教育事业的奠基者之一。陈赓历经北伐、南昌起义、长征、抗日战争、解放战争，为人民的解放事业立下汗马功劳；1955年被授予大将军衔；1961年3月16日在上海逝世，终年58岁。

1938年秋天，太行抗日根据地刚建立不久，日本鬼子就到处进行疯狂"扫荡"，想要消灭这一带的八路军，摧毁年轻的抗日政权。

当时，在山西武乡县宋家庄一带坚持抗击日寇的是129师389旅，旅长是陈赓将军。开始的时候，陈赓将军就住在宋家庄，后来由于战斗越来越激烈，敌人一天天逼近宋家庄。为了避免不必要的损失，乡亲们进行了坚清壁野后转移到了其他地区，部队也陆续向山区移动。

有一段时间，粮食接济不上。因此，上自旅长，下至普通战士，有时竟两天多吃不上一顿饱饭。旅部的周管理员见到首长紧张繁忙地工作，那么辛苦，却吃不上饭，心里焦急万分。他深感自己责任重大，一定要设法保证首长的健康，使他能有充沛的精力指挥战斗。

这一天，陈赓将军正在和参谋等人在军事地图上研究一次反扫荡计划，忽然听身后的警卫员在小声交谈："告诉你个好消息，今天有南瓜吃，是周管理员找来的南瓜。"

陈赓心中诧异，便放下手中的工作跑出了指挥所，去问周管理员："这是从哪里弄来的南瓜？"

周管理员忙答道："从村边的一块菜地里。老乡已经收过了，我们拾来的。"

陈赓看了看，果然是两个已经让霜打蔫了的南瓜，但他还追问道："跟谁买的？给钱没有？"

周管理员不好意思地摇了摇头。这下陈赓将军生气了，他语气沉重地责备道："谁让你们这样干的？现在每个战士都没有饭吃，大家都在挨饿！我们共产党员的干部又不是军阀，非要人伺候不行？我们是八路军，不是土匪，怎么能随便拿老百姓的南瓜？'三大纪律，八项注意'哪里去了？"

这时候，一些干部战士围了过来，大家都知道陈赓的纪律观念是很强的，就纷纷为管理员求情。陈赓对劝阻的人说："处分是一定要给的！我知道这里没有老百姓，可按你的说法，没有老百姓的地方，我们就可以违反纪律了！"

"不！那当然不能……"

"说得对，败在日本鬼子手里还可以挽回，如果是败在老百姓面前，那就没法挽回了！"陈赓挥了挥手臂，提高了声调说："同志们，咱们一定要记住党中央毛主席的教导，只有在群众纪律上不吃败仗的军队，才能在凶恶的敌人面前取得彻底胜利！"

陈赓将军慷慨激昂的讲话，使在场干部战士都深受教育。那次反扫荡，很快就取得了胜利。

◎故事感悟

"三大纪律，八项注意"虽然是党的行为准则，但只有落实到实处，才能发挥其作用。陈赓无愧于久经考验的共产主义战士。

◎史海撷英

边界战役

边界战役是越南人民抗法战争中的一次重要战役。战役在中越边界附近进行，故名。于1946年底全面爆发的抗法救国战争，经过一年多的时间进入了战略相持阶段。1948—1949年冬春，越南军民在一些战役中取得了重要胜利，解放了大片国土。但对越南人民来说，敌强我弱的军事形势并未改变，北部中央根据地的处境仍十分困难。1950年1月底，胡志明主席秘密访问中国，代表越共中央请求援助。中共中央和毛泽东同志作出了全面援越的重大决策。经双方商定，首先发动边界战役，扫清边界敌人，以便把物资运到越南。同年7月，中国派陈赓将军入越，协助越方组织这次战役。8月又派以韦国清为首的中国军事顾问团入越，长期协助越军的建设和作战。在此之前，以罗贵波为首的中国政治顾问团也已入越，协助北部根据地的建设。越共中央常委采纳了陈赓将军提出的作战方案。9月16日越军按预定计划向东溪发动进攻。9月18日首战告捷，全歼东溪守敌300余人，活捉法军指挥官。东溪守敌被歼后，高平守敌弃城南逃欲与七溪2000名北上救援之敌会合。陈赓指挥越军在东溪附近布置袋形伏击圈，首先消灭逃敌，而后再歼援军，共歼法军8000余人，生俘3名上将，缴获大批粮食和军事物资。河内法军司令部为之震惊，急命七溪、那岑、同登、谅山、老街守敌南撤，退守红河三角洲防地，致使北部边境的法军防御体系全线崩溃。边界战役打通了长达1000公里的中越边界，解放了高平、谅山、老街、太原、和平5省，把越北根据地与中国等国家直接连成一片。边界战役的胜利也使越北战场局势发生了根本性变化，战场的军事主动权转移到越南人民军手里，从此越南人民抗法战争由战略退缩阶段转入战略进攻的新阶段。

◎文苑拾萃

幽默将军

在我军将领中，陈赓是传奇色彩最多的一位。这同他活泼好动、幽默风趣的性格有着很大的关系。

陈赓与蒋介石之间的故事也是颇有传奇色彩。1925年黄埔军校学生东征，陈赓救了蒋介石一命。但很快国共之间反目成仇。1933年，陈赓被捕，蒋介石感激陈赓救命之恩，也不想把这个难得之才放走，便亲自会见陈赓，以感化他。但蒋没想到，初次会见他就碰了一鼻子灰。双方见面后，陈赓怒目而视，蒋介石也好长时间不语，过了一会儿才开腔："陈赓，你瘦多了。"陈赓冷笑着说："瘦吾身而肥天下，这是校长你教导我们的呀。我看校长也瘦多了，身为一党一国领袖，你瘦了，而天下更瘦，这是为何呀？"然后双方又是长时间不语。过了好半天，蒋介石劝道："你写个声明，认个错，我会给一条很好的出路。"陈赓接过纸，大笔疾书，蒋还以为他真要认错。等拿过纸来一看，鼻子都气歪了。满纸都是"打倒蒋介石"、"独裁不得人心"一类话。蒋介石再有耐性，这时也忍不住骂了起来："娘希匹，你中毒太深了，死路一条，死路一条！"后来每当有人问起这段往事，陈赓总是说："早知道他那么反动，就把他扔到沟里去了。"

　　提起陈赓的第一次婚恋，更有几分浪漫色彩。1926 年，党召开第五次全国代表大会。在会上陈赓遇见曾有一面之缘，并对之早生爱慕之心的王根英。陈赓便决定利用这次会议向王根英求爱。一天，陈赓瞅准机会，坐在王根英附近，掏出纸笔，端端正正地写了一行字："王根英同志，我爱你，我向你郑重求婚，希望你嫁给我！"然后他让身边同志传给王根英。谁知王根英对这种求爱方式不仅没有好感，反而嗤之以鼻。她嘬起嘴，向纸条背面轻轻啐了一点口水，转身把纸条贴在墙上。陈赓一看，并没有觉得脸上无光，反而更加喜欢这位泼辣爽气的姑娘。他马上又写好了第二张纸条。王根英也只看了一眼，便又把纸条贴到了墙上。陈赓一看更来劲了，便又写了第三张纸条。姑娘连看都没看，就把纸条贴上去了。会议休息，大家都注意到了墙上的纸条。有人跟陈赓开玩笑："她这样处理情书，到底是同意还是不同意？""我看总不是反对。她恐怕希望更多的人知道，我陈赓正向她求婚呢！"陈赓感觉倒良好。"你别太自信，我为什么嫁给你？"王根英绷着脸问道。"因为我爱你嘛！再说，我们郎才女貌，志同道合！"这下连王根英都忍不住笑了，脸红红地回敬了一句："脸皮真厚！"之后不久两人便开始谈起恋爱，直至结为伉俪。

刘亚楼积极参加支部活动

◎西子蒙不洁，则无不皆掩鼻而过之。——《孟
子·离娄下》

刘亚楼（1910—1965年）原名刘振东，福建武平湘店人。刘亚楼1925年从武平县
立中学转入福建省立第七中学（今长汀一中）读书；1926年底，回家乡被崇德小学校长
（中共地下党员）聘为教员，从此接受革命思想，参加地下革命活动。1929年8月，他
被中共桃湘特支吸收为党员，参加小澜农民暴动后，被选送到红四军随营学校（红校）
学习。毕业后，刘亚楼历任红十二军第三纵队第一营第二连连长，第一营营长兼政委，
红四军第12师第35团政委，红二师政委，参加五次反"围剿"战斗和二万五千里长
征，长征中参与指挥红一军团第二师，取得强渡乌江、飞夺泸定桥等光辉战绩。

刘亚楼1929年加入中国共产党，1949年后任党中央委员、空军司令员。

刘亚楼工作十分繁忙，身体又不太好，他所在的党小组的同志们为了照顾他，就少让他参加一些会议，有时过组织生活也不告诉他，让他能有更多的时间休息。刘亚楼理解同志们的心情，但他认真地告诉大家："我是个共产党员，应该参加支部活动，不能有任何特殊，而且中央有规定：从中央委员以至每个党委的负责领导者，都必须参加支部组织，过一定的党组织生活。今后，凡是开支部大会、小组会，都一定要通知我。"

一次，支部通知他8点开会，碰巧空军党委常委又定在8点半开会。两个会相距时间很短，可刘亚楼还是先参加了一段支部大会，并在会上发表了自己的意见，然后再向支部请假，去参加常委会。

1959年初春的一个晚上，空军直属机关某支部要过一次组织生活，时间

定在7点。离开会时间还有20多分钟，支部书记就往会场走去，他要布置一下会场。他边走边想：刘亚楼同志今天晚上能参加会吗？

原来，当支部书记在下午请刘亚楼的秘书转告刘亚楼晚上过组织生活时，刘亚楼正在参加空军党委常委会议，会议开到6点半才结束，支部书记看到刘亚楼刚乘车回家吃饭，所以担心他赶不回来开会。但马上他又否定了自己的想法，因为他知道刘亚楼是一位组织纪律性很强的领导者，只要秘书告诉了他开会的时间，他一定会按时到会的。

果然不出所料，支部书记一进会场，就看见刘亚楼正坐在那里翻阅文件，准备开会。支部书记看了看表，才6点40分。他很不安地走到刘亚楼身边："司令员同志，您还没吃晚饭吧！"

刘亚楼抬头望了望支部书记，微微一笑，没有说什么。

还是身边的秘书忍不住，心疼地告诉支部书记："常委会才结束，我想让司令员回家吃饭，就没通知他晚上开会的事。等到车开到半路我才告诉他。司令员批评了我，一定要司机调头往回开。我劝他吃过饭再去开会，他却说：'那怎么行！吃饭晚一点不要紧，参加党的会更要紧'。就这样，司令员第一个赶到了会场。"

听了秘书的讲述，支部书记心情十分激动，他不禁想到：刘亚楼是个职务很高的领导同志，不仅能按时过组织生活，而且一向都以普通党员的身份出现在会场上。有一回支部大会，当刘亚楼进入会场时，大家都十分尊重他，自动站起来表示欢迎。见此情景，刘亚楼马上摆手阻止了大家，说："这是党的会议，我们都是普通党员，没有上下级之分。"当有的同志称他作"刘司令员"时，他立刻纠正说："在支部大会上，我只是一个普通党员，应该叫我刘亚楼同志，这是最亲近的称呼。"刘亚楼经常参加组织生活，十分注意听取意见，并能积极发表见解，使基层组织的会议开得特别活跃，讨论得也很深刻、客观。

这时，支部书记又看了看表，7点整，同志们都准时到会了。他望了望端坐在那里的刘亚楼，怀着兴奋的心情宣布："支部大会准时开会。"

◎故事感悟

　　作为司令员的刘亚楼，常以一个普通党员的身份要求自己，反观现代社会有些位高权重的人喜欢别人对自己高看一眼的做法，值得人们去反思。

◎史海撷英

飞夺泸定桥

　　这是中国工农红军长征中的一场战役，发生于1935年5月25日，事情经过如下：中央红军部队在四川省安顺场强渡大渡河成功，沿大渡河左岸北上，主力由安顺场沿大渡河右岸北上，红四团第二连连长廖大珠等22名突击队员沿着枪林弹雨和火墙密布的铁索夺下桥头，并与左岸部队合围占领了泸定城。中央红军主力随后从泸定桥上越过天险，粉碎了蒋介石歼灭红军大渡河以南的企图。

◎文苑拾萃

八一勋章

　　一级八一勋章是授予中国人民解放军在土地革命战争时期建有功勋人员的一种证章。

　　1955年2月12日，中华人民共和国主席毛泽东发布主席令，公布第一届全国人民代表大会常务委员会第七次会议通过的《关于规定勋章奖章授予中国人民解放军在中国人民革命战争时期有功人员的决议》和《中华人民共和国授予中国人民解放军在中国人民革命战争时期有功人员的勋章奖章条例》。

　　条例规定，八一勋章授予在中国工农红军时期（1927年8月1日—1937年7月6日）参加革命战争的有功人员。八一勋章共分三级：一级授予当时师级以上干部，二级授予当时团级和营级干部，三级授予1935年10月20日前参加中国工农红军第一方面军、1936年9月30日前参加中国工农红军第二方面军和中国工农红军第四方面军、1935年9月30日前参加陕北红军和红军第二十五军以及1937年7月6日前坚持各地游击战争和参加东北抗日联军的连级以下人员。八一勋章为金黄色或金银色相间的金属制品，其图案外形为钝角五角星，中间衬以军徽，以尺寸的大小和含金量的多少区分一至三级。

律·严以律己

第三篇

凡事有原则，不搞特殊

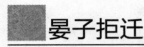

晏子拒迁

◎行潜德而不有，立潜功而不名。——《昌言·下》

晏婴（公元前578年—前500年），字仲，谥平，习惯上多称平仲，又称晏子，夷维人（今山东高密）。晏婴是齐国上大夫晏弱之子。以生活节俭、谦恭下士著称。据说晏婴身材不高、其貌不扬，但他却是春秋后期一位重要的政治家、思想家、外交家。晏婴历任齐灵公、齐庄公、齐景公三朝，辅政长达50余年。齐灵公二十六年（前556年）晏弱病死，晏婴继任为上大夫。周敬王二十年（公元前500年），晏婴病逝。孔丘（孔子）曾赞曰："救民百姓而不夸，行补三君而不有，晏子果君子也！"现存晏婴墓在山东淄博齐都镇永顺村东南约350米。晏婴头脑机灵，能言善辩。他内辅国政，屡谏齐君；对外既富有灵活性，又坚持原则性，出使不受辱，捍卫了齐国的国格和国威。司马迁非常推崇晏婴，将其比为管仲。

晏子，名婴，春秋时齐国人，曾任齐国的相国。他为人机智，善于辞令，辅佐齐景公把齐国治理得井井有条，齐景公很倚重他。

晏子任相国，可谓是一人之下、万人之上，职位算是很高了，但他所住的房屋却又矮又旧。齐景公心里觉得有些不安，想给他建造一所宽敞高大的房屋。

一天，齐景公对晏子说："相国，你的房子又矮又破旧，而且离闹市太近，整日不得安静，长此下去怎么行呢？还是给你建个宽敞高大些的住宅吧！"

"感谢国君的关心，我住在那儿很好！"晏子感激地说："我现在住的房子虽然破旧些，却是我祖辈一直居住的地方。我对国家亦无大功，住着先人留下来的房子心里还觉得不配呢，怎么还能换更好的房子呢？"

齐景公再三劝说，晏子始终不肯搬迁。齐景公为此很伤脑筋。

有位大臣对齐景公说："有倒有个办法，国君不妨试试。"

"你有何妙计，请快快讲来！"齐景公迫不及待地问。

"相国为人十分刚直，靠劝说让他搬迁是不可能的。国君要想了却此愿，只有等他不在家的时候，派人把他的旧房舍拆掉，然后再为他盖好新的房子，待相国回来。那时，生米已做成熟饭，他再反对也没有办法了。"

齐景公听罢非常高兴，连声说："好！好！好！"

不久，晏子出使晋国。齐景公照计行事，立即派人给晏子盖了一座华丽宽敞的新住宅。

晏子出使归来，刚到城里就有人告诉他说，国君为他修建了新宅，原来的旧房子拆掉了，还拆了邻居的房子。听到这一消息，晏子深感不安，沉思良久，对身边的随从官员说："烦你去宫中禀告国君，感谢他的一番好意。但为了我能住上好房子，把左邻右舍都撵走了，我于心实在不忍。让我住在这样的宅院里，我一天也难安宁。请国君恩准重新恢复原来的住宅，让邻居回来居住。否则，我哪有脸面再回家？"

随从官把晏子的这番话转告了齐景公，齐景公十分生气，怒冲冲地嚷道："寡人尽心尽力为着他好，他却如此不识抬举！"

朝中大臣们也七嘴八舌地嚷开了："相国的做法，也着实有些不近人情。"

"真是好人做不得啊！"

"其实相国也有难处啊，他是百官之首。宫里宫外、上上下下、大小的官员都看着他，他若身不正，影子就跟着歪了。"

齐景公听了大家的议论，考虑再三，对那随从官挥了挥手："好啦，随他去吧！"晏子回到家中，立即叫人将新宅拆掉，重新恢复了原来的住宅，又将迁走的邻居全部一一请了回来。邻居们对他的行为都十分感动。

◎故事感悟

晏子的行为告诉我们要以身作则，严于律己。只有自我的行为端正了，别人才会尊敬你、信服你。

◎史海撷英

二桃杀三士

战国齐景公时，田开疆帅师征服徐国，有拓疆开边强齐之功；古冶子有斩鼋救主之功；由田开疆推荐的公孙捷有打虎救主之功。三人结为兄弟，自号为"齐邦三杰"。齐景公为奖其功劳，嘉赐"五乘之宾"的荣誉。随着时间的推移，他们三人挟功恃勇，不仅简慢公卿，而且在景公面前也全无礼统。甚至内结党羽，逐渐成为国家安定的隐患。齐相晏婴，即晏子，深感忧虑，想除掉他们，又担心景公不允许，反结怨于三人。

一天，鲁齐结好，齐景公宴请鲁昭公。酒至半酣，晏子奏请开园取金桃为两国结盟祝贺。景公准奏后，晏子引园吏亲自监摘。摘得六个金桃，"其大如碗，其赤如炭，香气扑鼻"。依礼，齐鲁二国君各享一个，齐鲁二国相各享一个。盘中尚剩两个，晏子奏请赏给臣下功深劳重的人，以表彰其贤能。齐景公让诸臣自我荐功，由晏子评功赐桃。

公孙捷和古冶子因救主之功而自荐。二人一自荐功劳，晏子就肯定了二人的功劳，并即刻将两桃分别赐给了这两人。田开疆以开疆拓边有功而自荐。晏子评定田开疆功劳为最大，但桃已赐完，说只能等到来年桃熟，再行奖赏。齐景公说他自荐得迟，已没有桃子来表彰其大功。田开疆自以为这是一种耻辱，功大反而不能得到桃子，于是挥剑自杀。古冶子和公孙捷相继因功小食桃而感到耻辱也自杀身亡。晏婴就用两个桃子除掉了三人，消除了齐国隐患。

◎文苑拾萃

《晏子春秋》

《晏子春秋》是一部记叙春秋时代齐国晏婴的思想、言行、事迹的书，也是我国最早的一部短篇小说集。相传为晏婴撰，现在一般认为是后人集其言行轶事而成。书名始见于《史记·管晏列传》。《汉书·艺文志》称《晏子》，列在儒家类。全书共8卷，215章，分内、外篇，语言简练，情节生动，具有较高的艺术性。书中寓言多以晏子为中心人物，情节完整，主题集中，讽喻性强，对后世寓言有较大的影响。

刘温叟婉拒厚礼

◎克己最难。——《孽子道论·上篇》

> 刘温叟（909—971年）字永龄，河南洛阳人，建隆（960—962年）中拜御史中丞。刘温叟7岁能属文，善楷隶，卒年63。

刘温叟是宋朝的大臣，在朝中主管过吏部，任过御史中丞等职。

由于廉洁正直，又有才干，刘温叟先后得到宋太祖、宋太宗的器重和信任，朝野内外名气很大，不少人愿做他的门生，拜他为师；也有些势利之徒和贯于钻营的小人总想寻找机会接近他，和他拉关系。

一次，一个自称是刘温叟门生的人，突然给他家里送去一车粮草，作为进见礼。他想以此取得刘温叟的欢心，以便进一步投靠和求助于刘温叟。刘温叟见此人的这般举动，心中很不愉快，但他仍然以和蔼的态度百般解释、推辞。可是，尽管刘温叟推辞再三，这个人就是不肯把粮草拉走。没办法，刘温叟就吩咐家人拿出一套贵重的衣服回赠给这个送礼的人。这套衣服的价值是那车粮草价值的好几倍。那送礼的人一看这种情形，只好放下衣服，无可奈何地把那车粮草拉了回去。

太宗皇帝知道刘温叟一向清廉，在同僚之中相比，他并不富裕。于是，特意派人给他送去了一些钱。其中涵义，既有奖赏之意，也有关怀之情。刘温叟见是皇上的赏赐，却于情面只好收下。然后，他把这些钱原封不动地存放在厅西的一间屋子里，并当场把钱和门都封上了，送走了送钱的人。

第二年端午节时，宋太宗又派人给刘温叟送来一些粽子和扇子，以表示对他的器重和关怀。那派来的人恰好还是去年送钱的那个人。那人到刘温叟家中一看，去年送来的钱仍然放在那间屋子里，原封未动。事后，那人回去把所见情形如实地向宋太宗作了禀报。

宋太宗听说后，心中万分感慨，说："连我送去的钱都不用，何况别人的了。看来，过去他之所以收下了我的钱，只是不想拒绝我的情面呀！这钱整整过了一年还未启封，可见他的廉洁情操是多么的高尚！"

◎故事感悟

只有严于律己才不会让小人有机可乘。刘温叟律己的品格确实让人赞叹。

◎史海撷英

陈桥兵变

陈桥兵变是赵匡胤发动取代后周、建立宋朝的兵变事件。公元959年，周世宗柴荣死，7岁的恭帝即位。殿前都点检、归德军节度使赵匡胤，与禁军高级将领石守信、王审琦等结义兄弟掌握了军权。翌年正月初，传闻契丹兵将南下攻周，宰相范质等未辨真伪，急遣赵匡胤统率诸军北上御敌。周军行至陈桥驿，赵匡义（赵匡胤之弟）和赵普等密谋策划，发动兵变，众将以黄袍加在赵匡胤身上，拥立他为皇帝。随后，赵匡胤率军回师开封，京城守将石守信、王审琦开城迎接赵匡胤入城，胁迫周恭帝禅位。赵匡胤即位后，改国号宋，仍定都开封。史称这一事件为"陈桥兵变"。

◎文苑拾萃

太祖长拳

太祖长拳属少林18家中的一家。据传说"太祖拳"为第一家，是因为宋太祖

58

所传，共计 16 节长拳。在几百年的练习过程中大部分已经失传，20 世纪四五十年代在关外练习时已剩下六节拳术了，如华拳、一路华拳、二路华拳等。

　　太祖长拳广泛流传于我国北方，整套拳路演练起来，充分表现出北方的豪迈特性。太祖长拳架势大而开朗，特别注重手眼身法步的密切配合与展现，演练起来豪迈奔放，优美中又不失其威猛的澎湃气势，为中国武术界六大名拳之一。

清廉自律的元明善

◎身不善而怨人，不亦远乎？——《荀子·法行第
三十》

元明善（1269—1322年）字复初，元朝大名清河（今属河北）人。元明善弱冠游吴中已名能文章，仁宗擢为翰林待制。延祐中陆翰林学士。元明善是元朝文学家，著有《清河集》，曾任湖广两省参知政事、翰林直学士、参与修撰《成宗实录》《仁宗实录》《元史本传》《书史会要》等，卒年54，追封清河郡公，谥曰文敏。

　　元明善才思敏捷，文辞清新，为人又清正廉洁，严于自律，元仁宗非常器重他。

　　一次，元仁宗命一位蒙古族大臣为正使，元明善为副使，组成一支有文有武、蒙汉多民族的外交使团，出使交趾国。在交趾国外交公务办完后，交趾国国王派人给元朝使团送来一批金银、珠宝等礼物。看着这些厚礼，使团中的官员多有不同的想法和反应，大家都在看着正副使节的态度。

　　正使见后，非常高兴，连声说："多谢国王的厚意。"就把给自己的礼品收下了。随从人员见正使答应收下了，便各自收起给自己的礼物。见此情形，只有元明善表现得非常冷淡，心中很不高兴，但是正使已收下了，自己不便多说。

　　正使看到元明善这个样子，以关心的态度劝说道："给你的这份礼品，就让随从给你收起来吧！"

　　"不，不，大人！"元明善急忙摇头阻止说。

"为什么？阁下莫非嫌这份礼品轻了？"正使不解地问。

"不，不，请大人不要误会。家母在世时，一再教育下官不得收受馈赠，她老人家在弥留之际，还拉着我的手要我点头答应才肯瞑目。"

正使深知汉族人的礼教，又知元明善极重孝道，不便勉强，便冷冷地说了声："阁下不违母教，可敬！可敬！本官不再勉为其难了！"说完，一拱手回房去了。正使走后，元明善立即令其随从将给他的礼品交给馆舍人员，让其转呈交趾国王。

交趾国派来送礼的人，把所见情形如实地向国王做了禀报。当谈到正使及随行人员的行为时，在座君臣们不免心中暗笑，认为元朝官员品格不过如此。但当谈到元明善拒收礼品时，大家都非常震惊。国王觉得这是位神奇人物，一定要见识见识。于是亲自到馆舍特意拜访元明善。

国王看到元明善简朴的行装，暗暗钦佩，端正不语。元明善并不知国王来意，忙恭敬地说："国王政务繁忙，何必又来送行？"

国王笑了笑，说："我因有件事很不理解，特来求教。"

元明善起身说道："请国王明示。"

国王请元明善落座，温和地说："敝国为感谢使者们跋山涉水远道而来，特备薄礼相赠。贵国大臣及随从人等均已收下，独你作为副使为什么不收？"

元明善没想到国王特来询问此事，感到有些惊奇，心想：在国王面前，他既不能公开指责上司，说正使贪财受礼，有失国格；也不能再推说自己是遵照先母遗教。沉思片刻，他巧妙地解释说："谢谢国王的好意，大使是代表我们国家接受贵国的礼品，表示两国和睦友好；我个人如若再接受礼品，就有贪财之嫌，有损我国的国格了。所以我不能接受，请大王谅解。"

国王听了他这番不卑不亢、巧妙机智的回答，赞叹不已。站在一旁的正使听后也连忙应付道："是的，是的，我正是代表我们国家接受的这份礼品。"

回国后，正使只得把国王送的那份礼品上交了。

◎故事感悟

只有不为金钱所动，才不会让人轻视。尤其是在外交上，更应该如此。

◎史海撷英

延祐经理

延祐经理是元仁宗延年间采取的清查田亩的措施。延元年（1314年），鉴于当时田亩"欺隐尚多，未能尽实"，造成国家"岁入不增"，元仁宗采纳中书平章政事章闾的建议，行经理之法。即查核土地田亩数额与理算租税钱粮，并对隐漏田产追征租赋。遂以章闾、马丁、陈士英等分别前往河南、江浙、江西督办，并责成行御史台及枢密院给予行政和军事协助。采取"揭榜于民，限四十日，自实于官"，严令百姓于限期内向官府申报本户的田亩数量，作弊者依法治罪。实施过程中，官吏贪刻，以无为有，妄增亩数，而有很多富民却因贿赂官吏隐瞒田产，人民深受其害。江西赣州蔡五九聚众起事，受害农民纷起反抗。元仁宗迫于形势，停止经理，减免所查出的漏隐田亩租税。延祐经理以失败告终。

◎文苑拾萃

元一统志

《元一统志》，原名《大元大一统志》，札马剌丁、虞应龙、孛兰盻、岳铉等主持编撰，元代官修全国性地理总志。

该书对全国路府州县建置沿革及山川、土产、风俗、里至、宦迹、人物，皆有详述。内容繁博，体例严密，为历代总志所不及。还绘有彩色地理图，引入阿拉伯绘图之法，首创"一统志"之名，对明清二代修撰《一统志》影响巨大。

札马剌丁，回族人，官集贤大学士、中奉大夫、行秘书监事。虞应龙，宋时官雷州知州，入元官至秘书少监。至元二十二年（1285年），元世祖命"大集万方图志而一之，以表皇元疆理无外之大"。次年，扎马剌丁上奏："方今尺地一民，尽入版籍，宜为书，以明一统。"元世祖纳其言，命主其事，后罗致虞应龙等共同修撰。在所搜各地"图子文字"及虞应龙《统同志》稿本的基础上，至元三十一年成书 755 卷。后又陆续征集到辽阳、甘肃、云南等地图志，由集贤大学士孛兰盼和昭文馆大学士、秘书监岳铉等主持增补。成宗大德五年（1301 年），赐名《大一统志》。大德七年成书，共 600 册，计 1300 卷。前后共历 18 年之久。书成后藏于秘府，顺帝至正六年（1347 年）始刊行。

该书原书已佚，今可见《玄览堂丛书续集》辑清袁氏贞节堂钞本 35 卷，《辽海丛书》金毓黻辑残本 15 卷、辑本四卷，1966 年中华书局版赵万里汇辑的《元一统志》10 卷。

"二不尚书"范景文

◎上不怨天，下不尤人。——《中庸·第十四章》

> 范景文（1587—1644年），字梦章，吴桥（今河北吴桥县）人。明朝光宗、熹宗两朝中，他先后任文节郎中、河南巡抚、兵部尚书、东阁大学士等职。

范景文为官清廉，洁身自好，从不接受别人的请托或馈赠，不管是素不相识的人，还是过往甚密的亲朋好友，凡是送予礼品、登门相求者，他都一一婉言谢绝。

一次，他的一位亲戚想谋个一官半职，便备了一份厚礼前去找他。范景文见亲戚来访，设家宴热情款待。席间，那位亲戚乘着酒兴，说明了自己的来意。范景文听了，忙一口回绝说："我身为朝廷命官，岂敢擅用权势，枉徇私情？"

说完，他又耐心地劝他走读书求仕的门路，临走时，那位亲戚又说："以后，倘有可能，还请你帮助举荐。"并拿出礼物，一定要范景文收下。

范景文推辞了再三，说什么也不肯收。

那人又说："我们是亲戚，又不是外人，你何必如此……"

范景文把脸一板，生气地说："亲戚也不能收，你以后再来，就空手来，不许再像这样！"

不料，那位亲戚并不怕他吓唬，仍然坚持要把礼物留下，纠缠了好半天，范景文好不容易才让他把礼物带走了。

　　送走了亲戚，范景文自言自语道：想不到拒礼竟然如此之难。想来想去，终于想出了一个办法，他拿纸提笔写了六个大字，贴在大门上："不受嘱，不受馈！"

　　果然，以后再也没人敢登门送礼或求情办事了。人们也就把这种不受礼、不受嘱的品格，尊敬地称他为"二不尚书"。

◎故事感悟

　　俗话说，吃人的嘴短，拿人的手短。"不受嘱，不受馈"的范景文用这六个字充分表现了其严于律己、洁身自好的高尚品格。

◎史海撷英

文武全才

　　范景文是一个文质彬彬的人。钱谦益说他"秀羸文弱，身不胜衣，啜茶品香，论诗顾曲，每以江左风流自命"。但是，这并不意味着他不能领兵打仗。崇祯二年（1629年），他担任右都金御史，巡抚河南。在这期间，皇太极领兵杀来，多支部队进京勤王。范景文的部队进军最快，纪律也最好，史称"京师戒严，率所部八千人勤王，饷皆自赍。抵涿州。四方援兵多剽掠，独河南军无所犯。移驻都门，再移昌平，远近恃以无恐。"在进入涿州的路上，有人给范景文送来了香茶。范景文接过香茶恭恭敬敬倒在了地上，说："将士们在冰雪风霜之中奔走，来赴国难，冻裂了嘴唇冻伤了指头，一勺水都喝不到嘴里头，我怎么能在这里喝香茶呢？感谢您的好意，我把这香茶祭献给大地吧！"战士们听了，都感动得掉泪。

◎文苑拾萃

赋得花朝遇雨

范景文

春阴偏是趁今朝，妒暖余寒尚自饶。

花意如人初中酒，柳容似冻未舒条。

踏青游屐方微湿，听雨吟魂却暗销。

烟裏空濛飞翠冷，总无红紫亦堪描。

阮湘圃律己自守

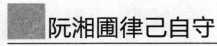

◎君子之守，修其身而天下平。——《孟子》

> 　　阮湘圃（1734—1805年），本名承信，号湘圃，扬州仪征人。阮湘圃一生没有做官，只补了一个国子监监生，一生与书和马为伴。

　　阮元是清代著名学者，阮元的父亲阮湘圃是个道德高尚的人。阮湘圃家境虽然贫困，但能洁身自守，不取不义之财。一次他来到河边某渡口，捡到个包，解开一看里面是银子，并且还有官府文书在里面。他很焦虑地想到："这个事情上关系国务，下关系百姓，不能让他丢失，我应在这里等候它的失主。"到了晚上，果然见有一个人来，慌慌张张地就要跳河自杀。阮湘圃问他怎么回事，他说丢了金钱，还哭着说："银子丢了连累自己还要牵连我的主人，不如我先死了算了。"

　　阮湘圃赶忙把包袱交给他，而且连姓名也不留。后来，阮湘圃的儿子阮元做了大官，在浙江任督学。有一天，阮元巡视公务去了绍兴，阮湘圃留住杭州阮元家中。一位江苏仪征的老乡来到省署谒见湘圃，阮湘圃很诚恳地接待了他，老乡说："你们家里怎么清贫到如此程度？"湘圃说："我们家本来就是贫寒的。"

　　老乡拿出两张纸说："这两张契约值银千两，就算给您老祝寿吧！"阮湘圃生气了，斥责这人说："我一辈子就是因为不愿意要不义之财，所以一直贫困。你为什么无故给我做寿，而且不惜花费千金呢？如果说您有求于我儿子的话，我可以告诉你：我儿子受到朝廷的重恩，就是清清白白地做官，还怕不能报答万一，难道还用这钱财去玷污自己的清白吗！您今天以礼来，我以礼来接待您；你如果施以贿赂，恐怕今天您就出不得这个门了。"这个人被说得目瞪口呆，没想到来送礼却碰了一鼻子灰，马上叩头赔礼惶惶而去。

◎故事感悟

高官阮元的父亲能够甘守清贫，自律自守，不愧为品德高尚的人。

◎史海撷英

阮元的学术成就

阮元二十五岁就中了进士，做官时提倡学术，在浙江完成《经籍纂诂》、在江西完成《十三经注疏》、在两广完成《皇清经解》。

阮元认为"圣贤之道存于经，经非训诂不明"，"古今义理之学，必自训诂始"，这是很实事求是的治学态度。阮元86岁时死去，他在提倡学术的影响上，既深且久。在浙江立诂经精舍，有教室五十间之多；在广东立学海堂，也是有名的学术重镇。《四库全书》在开馆编书抄书的时候，曾由清朝乾隆皇帝下令，叫各省于半年内搜罗书籍集中中央，当时光浙江一省，就送上4523部书。阮元比纪昀小40岁。在纪昀死后，他在浙江，又陆续搜集《四库全书》没收的书175部，写成了《揅经室经进书隶》（也叫《四库未收书提要》、也叫《四库未收书目提要》）五卷，以补《四库全书》的不足。他这部未收书提要，原未分类，后经傅以礼于1882年加以重编、补正，成为四库提要后第一名著。

阮元在经籍训诂之外，还研究天文、历算、地理等学科，著述颇丰。有《十三经注疏校勘记》、《经籍纂诂》、《畴人传》以及《积古斋钟鼎彝器款识》等书；创编《国史·儒林、文苑》传；诗文集为《揅经室集》，包括文集4编29卷，诗集12卷，续集11卷，外集5卷。另外，还有《诂经精舍文集》14卷。

◎文苑拾萃

吴兴杂诗

（清）阮元

交流四水抱城斜，散作千溪遍万家。

深处和菱浅种稻，不深不浅种荷花。

李大钊砸内弟"饭碗"

◎不恒其德，无所容也。——《易经·恒》

> 李大钊（1889—1927年），中国共产主义运动的先驱和最早的马克思主义者，中国共产党的主要创始人之一，字守常，河北省乐亭县人。1907年夏至1913年夏，李大钊入天津北洋法政专门学校求学；1913年底东渡日本留学，在日期间曾参加反对袁世凯复辟、卖国的斗争；1926年"三一八惨案"发生后，遭到段祺瑞政府的通缉，遂避入苏联驻北京大使馆兵营，继续坚持斗争；1927年4月6日，奉系军阀张作霖派军警搜查苏联大使馆，李大钊等60余人被捕，28日在北京英勇就义。

　　李大钊不仅为中国人民的解放事业、为反帝反军阀斗争做出了重大贡献，而且始终以一个革命党人的胸怀严格要求自己，包括对自己的亲属。

　　李大钊有个内弟叫赵晓峰，曾因请李大钊做"保人"，才得以在天津汉沽盐务局当了个小职员。

　　一次，李大钊从北京回到乐亭老家探亲，正巧赵晓峰也从天津回到家乡。赵晓峰见到姐夫，显得格外热情，又倒茶、又递烟，忙着招待李大钊。然后，他十分感激地对李大钊说：

　　"感谢姐夫为我帮忙，替小弟找了个好工作，如今我每月能挣六七百元哩！"

　　李大钊一听，感到有些意外，问他道："怎么能挣这么多钱？"

　　"姐夫，您不知道，干我们这行的除了正常工资外，还有不少外快。"

　　"什么外快？"

"私吃！"赵晓峰越说越得意，说完还眉飞色舞地补充说，"这工作油水大着哩！"

听到这儿，李大钊心里很不是滋味，再也没理这个内弟。过了两天，李大钊就回北京去了。

不久，赵晓峰也回汉沽盐务局来上班。一到局里，那局里的一个负责人对他说："你已经被辞退了，请不必再来上班了。"

赵晓峰大吃一惊。忙问："为什么辞退我？"

"你姐夫已经撤了保。"

"为什么，他决不会这样的！"

"那你问你的姐夫去吧！"

赵晓峰十分恼火地赶到北京，一见到李大钊便十分委屈地问道："姐夫为什么要撤保，这不是砸了我的饭碗吗？！"

李大钊生气地说："因为你'私吃'太多，这样的事，实在是坑害百姓，我不允许你这么干！"

听罢姐夫的一席话，赵晓峰无可奈何地走了。

◎故事感悟

李大钊作为解放事业的先驱，对自己的亲人要求得更加严格，这是对百姓的负责。

◎史海撷英

新文化运动

新文化运动为20世纪早期中国文化界中，由一群受过西方教育的人发起的一次革新运动。1919年5月4日前夕，陈独秀在其主编的《新青年》刊载文章，提倡民主与科学（德先生与赛先生），批判传统纯正的中国文化，并传播马克思主义思想；一方面，以胡适为代表的温和派，则反对马克思主义，支持白话文运动，

主张以实用主义代替儒家学说，即为新文化运动滥觞。在这一时期，陈独秀、胡适、鲁迅等人成为新文化运动的核心人物，这一运动并成为五四运动的先导。

◎文苑拾萃

共产主义小组

共产主义小组指中国共产党成立前夕在中国各地及日本东京、法国巴黎成立的共产主义组织，它为中国共产党的成立奠定了组织基础。

中国共产党的最早组织是在上海首先建立的。1920 年 8 月，上海共产党早期组织正式成立。参加者有陈独秀、李汉俊、李达、陈望道、俞秀松等，陈独秀任书记。上海共产党早期组织成立后，实际上成为各地建党活动的联络中心，起着中国共产党发起组织的重要作用。

1920 年 10 月，由李大钊、张申府、张国焘 3 人发起成立北京共产党早期组织，李大钊为负责人。罗章龙、刘仁静、邓中夏、高君宇、何孟雄、缪伯英、范鸿劼、张太雷等先后加入，成员大多为北京大学马克思学说研究会的骨干。

郭琇的严以律己

◎身修然后可以理家，家理然后可以治官。——《盐
铁论·论诽第二十四》

> 郭琇（1638—1715年），字瑞甫，号华野，山东即墨郭家巷（今属即墨镇）人，清
> 朝康熙年间著名的清官，他为国为民、廉洁清正、勤勉干练、善断疑案，在地方任职
> 期间，"治行为江南最"，很受好评。他不计私利，弹劾权奸，在"势焰熏灼、辉赫万
> 里"的权臣面前毫无惧色。郭琇平生耿直，以三次弹劾而名动天下，留名史册。

郭琇是康熙九年（1670年）进士，十八年（1679年）任江南吴江县知县。

郭琇是个有才能的人，他上任不久，确实也为该县做了一些工作。但是，
在索贿受贿风盛行的情况下，他对上司的索贿虽然不满，可又不敢硬抗。当
时的江苏巡抚余国柱十分贪婪，他向所属各州县索贿，"征贿巨万"。

郭琇也曾为满足余国柱的私欲而取之于民，因而一时"以贪黩闻"。
康熙二十三年（1684年），新任巡抚汤斌到任。汤斌"以消介自励，敦厚
风化；其下属有贪酷者，皆善为劝勉。其不改者，始以法惩之"。他到任
后，了解了郭琇的为人，考察了郭琇的全部工作，深知其之贪酷属不得已
而为之。为了使郭琇改正自己的过错，将来成为一个清官，汤斌将其传至
省城，当面劝导，"教以贞廉"。面对这位刚直清正的新任巡抚，郭琇将心
中所想全部道出："向来上官要钱，卑职无措，只得取之于民。今大人如
能一清如水，卑职何敢贪耶？"并向汤斌表示："请宽一月之期，如声名犹
若昔，请公立置典刑可也。"汤斌见郭琇决心悔改，心中暗喜，但不露声色

地说："姑试汝。"

郭琇回到县衙之后，立即唤衙役打来多桶水，并亲自动手，用水冲洗其堂庑。众人不解其意，忙问其由。郭琇向众人承认了自己的错误，表示了悔改的决心。他郑重地对众人说："前令郭琇已死，今来者又一郭琇也。"郭琇正是以清水冲堂庑，表示了自己荡除前非的决心。果然，他"由是大改前辙"，不久，"其政治为之一变"。属下人人畏法，胥吏不能为奸。不几年，政绩显著。

康熙二十六年（1687年），经汤斌推荐，郭琇被授为江南道监察御史，其职责就是要弹劾那些贪官污吏。郭琇任此职后，"唯洗手奉职，至临患难，死生利害不稍动手中"。他坚任职守、铁面无私，半年之内就参罢了三位宰相、两位尚书，被人称为"铁面御史"。一时，清南之声闻天下。

◎故事感悟

　　为官者一生清廉固然可嘉；而那些曾有"贪"名之人，只要能够幡然悔过、荡除前非，仍然可以成为一个清正廉明的官员，同样是可书可赞的。

◎史海撷英

郭琇直谏

康熙二十七年（1688年）正月二十二日，郭琇第一次以监察御史的身份向朝廷上了《参河臣疏》，陈述河道总督靳辅在户部尚书佛伦支持下治河措施不当，致使江南地区困于水患，百姓怨声载道。由此，靳辅被罢官，佛伦被降职，郭琇升任佥都御史。

接着，郭琇又冒着丢官丧命的风险上《纠大臣疏》，弹劾英武殿大学士明珠及余国柱等，揭发他们结党营私，排陷异己，贪污收贿等罪行，而真正目的，则是气焰冲天的明珠一党，因为这一疏，他一参成名。

◎文苑拾萃

大行太皇太后挽词

（清）郭琇

弥留鸾驭日，遏密万方齐。地惨冰封树，天寒雨作泥。

风归堠岭北，月落蓟城西。天子居庐久，烟迷柳外堤。

枢星不复见，犹自恋慈帷。抚有河山胜，长含风木悲。

璇宫香未散，珍膳视无期。依旧春光遍，青芝发九枝。

唐太宗论功行赏

◎深自省察以致其知，痛加剪落以诚其意。——《朱子语类·卷十五》

唐太宗李世民（599—649年），是唐朝第二位皇帝，他名字的意思是"济世安民"，陇西成纪人，祖籍赵郡隆庆（今邢台市隆尧县），政治家、军事家、书法家、诗人。李世民即位为帝后，积极听取群臣的意见、努力学习文治天下，有个成语叫"兼听则明，偏信则暗"，就是说他的，他是中国史上最出名的政治家与明君之一。唐太宗开创了历史上的"贞观之治"，经过主动消灭各地割据势力、虚心纳谏、在国内厉行节约、使百姓休养生息，终于出现了国泰民安的社会局面，为后来全盛的开元盛世奠定了重要的基础，将中国传统农业社会推向鼎盛时期。

武德九年（626年），唐太宗李世民亲自确定长孙无忌等人的爵位和封邑，叫礼部尚书陈叔达在殿下唱名宣示给大家，并且说："我按规定的等次和功绩的大小给你们的勋赏，可能有不恰当的，大家可以谈谈。"

当时将领们都为自己争功，乱哄哄地闹个不停。

李世民的本家叔父，淮安王李神通说："我在关西举兵，首先响应起义的大旗。可是现在房玄龄、杜如晦等专靠耍笔杆子，功劳在我之上，我心里不服气。"

唐太宗说："开始起义时，叔父虽然首先响应举兵，大概也不纯是出自公心，而兼有自身免祸的私念。后来窦建德吞并山东时，叔父全军覆灭；刘黑闼再纠合余党攻来时，您与他在饶阳城南交战，被打得大败，望风逃窜。房玄龄等人在军帐中出谋划策，虽然坐在那里，却安定了国家，论功行赏，本来应该在叔父的前面。叔父是国家最近的亲人了，对您，我真没有什么可吝啬的，只是不能凭着私情和功臣同赏！"

诸将这才互相说："皇上最公道了，即使是他的叔父，也没有什么私心，我们这些人怎么还敢不安分呢？"于是大家都心悦诚服了。

房玄龄说："秦府旧人没升官的都抱怨说，说他们伺候皇上多少年了，现在任命的官职反而在前宫、齐府人的后面。"

太宗说："国王大公无私，所以能让天下人心服。我和你们每天所吃所穿，都是从百姓那里得来的。因此设立官员分掌职务，为的是百姓呀！就应当选择有才能的来用，怎么能根据新人旧人来排定官次的先后呢！真要是新人有才能、旧人不像样子，怎么可以抛开新人用旧人呢！现在不谈他们有才能没才能，而光说他们不满，难道这是掌管国家大政的原则吗？"

◎故事感悟

作为国家的最高统治者，唐太宗能做坚守原则不徇私舞弊，做到论功行赏，实在是难得。凡事都只有做到公平、公正、有原则，才能更好地去管理。

◎史海撷英

唐太宗开放国境

由于东罗马帝国（395—1453年）的衰落，西方变得支离破碎。到了隋朝时中国已经几乎是世界上最强大的国家了，而唐帝国尤其是贞观时期的唐朝更是当时世界唯一的文明最为强盛的大一统帝国，首都长安是世界性的大都会，各地民商来往不断，就像今天的美国纽约一样。

那时的唐帝国是世界各国仁人志士心目中的"圣地"。来自世界各国的外交使节纷纷赞叹唐朝的盛世，而来到唐朝的各国人，大多数以成为大唐人为荣。不仅是首都长安，全国各地都有来自国外的"侨民"在当地定居。尤其是新兴的商业城市，仅广州一城的西洋侨民就有20万人以上。贞观时期的唐王朝是

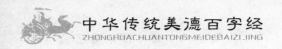

中国历史上少有的完全开放的时代。唐朝政府还设立了流所（和现在的使馆差不多），方便开放边境和关口，极尽吸收外来文化和物质文明。

唐帝国除了接受大批的外国移民外，还接收一批又一批的外国留学生来中国学习先进文化，仅日本的官派的公费留学生就有七批，每批都有几百人。民间自费留学生则远远超过此数。这些日本留学生学成归国后，在日本进行了第一次现代化运动——"大化改新"，上至典章制度，下至服饰风俗，全部仿效当时的贞观王朝，使处于原始部落状态的日本民族凭空跃进了1000年。

◎文苑拾萃

经破薛举战地

（唐）李世民

昔年怀壮气，提戈初仗节。
心随朗日高，志与秋霜洁。
移锋惊电起，转战长河决。
营碎落星沉，阵卷横云裂。
一挥氛沴静，再举鲸鲵灭。
于兹俯旧原，属目驻华轩。
沉沙无故迹，减灶有残痕。
浪霞穿水净，峰雾抱莲昏。
世途亟流易，人事殊今昔。
长想眺前踪，抚躬聊自适。

元 日

（唐）李世民

高轩暧春色，邃阁媚朝光。

彤庭飞彩旆，翠幌曜明珰。

恭己临四极，垂衣驭八荒。

霜戟列丹陛，丝竹韵长廊。

穆矣熏风茂，康哉帝道昌。

继文遵后轨，循古鉴前王。

草秀故春色，梅艳昔年妆。

巨川思欲济，终以寄舟航。

刘少奇不搞特殊化

◎克己则礼自复，闭邪则诚自存。——《朱子语
类·卷四十一》

> 刘少奇（1898—1969年），湖南宁乡人，伟大的马克思主义者，无产阶级革命家、政治家和理论家，中国共产党和中华人民共和国主要领导人之一。

    1959年，刘少奇在海南岛休假。有一天，一个厨师跟秘书说："少奇同志生日快到了，要不要给他稍微改善一下伙食？"秘书想了想，说："可以嘛，给他多做一两个菜，稍微改善一下。"

    二人的谈话碰巧被刚走过来的一位当地工作人员听见了："这么大的事情是该好好庆贺一下。"

    秘书急忙道："可别搞什么庆贺，少奇同志最烦搞这一套了。"那位同志听了，笑着说："这是我们的一片心意。少奇同志爱护人民，人民也尊敬和爱戴他嘛！"

    秘书见这人十分认真，急得连连摇头摆手，"不行，不行，你还不知道少奇同志的脾气，这种事情闹大了，我们准挨批。"那人见秘书急成这样，说了声算了，又扯了些闲话，就走了。

    大家都知道了少奇同志的作风，所以生日那天和往常一样，没有什么特别的地方。可就在那天下午，当地一个工作人员送来一块用红丝镶嵌着一个"寿"字的大蛋糕。送蛋糕的人说："我们知道刘主席不喜欢大张旗鼓地庆生日，所以这块蛋糕算是我们海南人民对刘主席的一片敬意。"说完，也没等回

答，扭头就走了。

这可给大家出了个难题，收吧，谁敢收？不收吧，这是当地人民的一片心意，怎么办？

这事终于被刘少奇知道了。果然不出人们所料，少奇一听说此事很生气，不但让把蛋糕拿走，又叫来王光美同志，问她是否知道此事，为什么没有制止……

这天下午，因刘少奇不高兴，大家也都很不安。直到晚饭的时候，刘少奇的气才消了一些，语重心长地对大家说："蛋糕你们拿去吃吧，以后可要注意啊！我们党的干部，只能是人民的公仆，不能当官做老爷，这样做像什么嘛！"

事情过去了，蛋糕谁也没吃，谁也吃不下，可刘少奇的教导却深深地刻在大家的脑海中。

刘少奇同志就是这样，从不因为自己是国家主席而有过任何特殊，对子女、亲属更是严格要求。他经常召集家人召开家庭会议，教导他们不搞特殊化。

在1959年国庆期间的一次家庭会议上，他对大家说："今天，请你们来开个会。正确处理人民内部矛盾吗！什么矛盾呢？你们以为我当了国家主席，给你们点方便，给你们点东西很容易，但我的看法和你们不一致，这就是个矛盾。有了矛盾就要处理。现在解放了，在农村也好，当工人也好，生活都比过去好多了。你们想进城，想调换工作，希望我帮忙。不错，我是国家主席，硬着头皮给你们办这些事也不是办不成。可是不行啊！我是国家主席不假，但我是共产党员，我不能随便行使自己的职权谋私利。你们现在吃饱了，穿暖了，就要好好为国家工作……"

刘少奇虽然语气平缓，但观点明确、态度坚决，家人听后心悦诚服，都自觉地按刘少奇的话去办。

◎故事感悟

刘少奇作为国家的高级领导人，时时处处都能以一个普通群众的身份来严格

要求自己子女、亲属，从未有过任何特殊化，充分体现了一个无产阶级革命家、共产主义战士的高风亮节。

◎史海撷英

皖南事变

皖南事变又称为新四军事件，此间的"皖南"即指事变发生地区——"安徽南部"，而新四军则是指中国共产党辖下，由叶挺、项英分别担任正副军长的"国民革命军陆军新编第四军"。发生于1941年1月4日—1月14日的该事变，是抗日战争时期中华民国辖下的国民革命军第三战区部队与新四军之间的一次冲突事件，事件中，共产党新四军所属军部兵力与皖南部队遭到了严重的损失。一般认为，此事件原因为稍早两党军队的军事冲突——黄桥事件。

◎文苑拾萃

《刘少奇选集》

刘少奇同志在长期的革命实践中，写了大量的文章、文件、电报、书信，并作了很多重要的讲话。收入选集的，只是其中最重要的一部分。

收入选集的著作，凡是刘少奇同志生前公开发表过的或有手稿的，都保持原貌，只做了少量文句和史实的校正；对讲话记录稿适当做了文字整理。

《刘少奇选集》的出版，是为了适应广大读者学习和研究马克思列宁主义、毛泽东思想，学习和研究党所领导的中国革命和建设的历史，学习和研究刘少奇同志的生平和思想的需要。

郭新吉不搞特权

◎德不称位，能不称官，赏不当功，罚不当罪，不祥莫大焉。——《荀子·正论》

郭新吉（1924—2009年），河南省林县人，1944年春参加工作，1946年8月加入中国共产党。历任南下新五团连指导员、区委农会主任；临泉县姜寨区委书记、城关区委书记、县委宣传部长；阜阳县委副书记、阜阳县委书记；凤台县委副书记、凤台县委书记、县人大常委会主任、党组书记；1987年2月离休，享受地专级待遇。1991年3月15日，郭新吉被中共安徽省委授予"焦裕禄式的好干部"称号。

郭新吉，安徽省原凤台县委书记。他几十年如一日，带领全县人民艰苦创业，使凤台县的面貌发生了翻天覆地地变化。1991年安徽省委授予郭新吉"焦裕禄式的好干部"的称号。

郭新吉对待自己的子女和亲属奉行的一条原则就是：谁当郭新吉的亲属，谁就没有享受在前的权利！郭新吉初到凤台时，老伴和几个孩子都没有工作，全家仅靠他一个人的工资生活，经济上相当拮据。有关部门考虑到他的实际困难，想给他老伴安排干临时工。郭新吉知道后制止说："我老伴不识字，不够条件，不能因为我是书记就照顾她。"

郭新吉的大女儿郭英，小时候是个听话乖巧、聪明过人的好孩子。然而，"文化大革命"一场浩劫，把小郭英毁了。那时在阜阳任县委书记的郭新吉被打倒。看到父亲三天两头被批斗，戴高帽游街，小郭英惊惧万分。在家她要经常帮父亲抄大字报，在外面还要忍受别人的辱骂，幼小的心灵承受不住这样的重压，小郭英患了严重的精神分裂症。从那以后，郭新吉时常忧虑郭英的病情，一个人常常偷偷掉泪。组织上考虑到他女儿的病是由于历史原因造成的，便为郭英解决了一个编制，让她挂名领工资。郭新吉知道后，三番五次到这个单位申诉说："郭英没有工作能力，不该让国家白养活。"一次不成，两次；两次不行，三次，直至把对方说烦了，"郭书记，我们给郭英发工资没啥动机，不是巴结你县委书记！"郭新吉苦笑着赔不是："组织上的心意我感谢，但郭英没能力，就不能拿这份钱。我是她父亲，这个负担应该我自己背。"就这样，他把郭英的名字从工资表上划掉了。

郭新吉有个六弟，叫郭明吉，从小就跟郭新吉长大。小时候，在太行山区，一只狼袭击了郭明吉。郭新吉把他从狼口里救出来时，小明吉的脸已被狼撕下一块肉，留下了一块大疤痕。一直到20世纪70年代，年龄已经很大的郭明吉才娶了个农村姑娘。郭新吉一直对六弟怀有内疚。1973年郭新吉调凤台时，有人出于同情心把郭明吉爱人的户口从农村转到城镇。郭新吉发现后，立即到公安部门作了检讨，并亲自在弟媳的户籍表上签了"予以注销"的批示，同时在县委大院门口张榜公布。全县干部对郭新吉心服口服，但老伴却与郭新吉大吵了一场。就在这一年冬天，弟媳与六弟离了婚。郭新吉虽心如刀割，但他对老伴和六弟讲："我不能因为是领导就以权谋私，你们平时不是也恨这种风气吗？我若也这么搞，你们恨不恨？你们不恨群众恨！我给你们一句话：谁当郭新吉的亲属，谁就没有享受在前搞特殊的权利！"

◎故事感悟

严于自律，从身边的一点一滴做起，谁也没有搞特殊的权利。这就是郭新吉的高尚之处。

◎史海撷英

"人离休了思想不能离休"

1986年12月，郭新吉离休了。离休后，为了让子女们集中精力工作，他主动分担了家庭购买煤、粮、菜的任务。一天，他拉着板车去几里外的煤场拉煤，因为买煤的人多，他就拉车站在最后面排队。煤场的人认出是郭书记，惊讶地说："老书记，你这样大岁数，自己来拉什么煤，待会儿我们给你送去。"郭新吉说："谢谢你们，别人能排队拉煤，我为什么不能？"他硬是排了一个多小时的队，一个人把煤拉回家。

郭新吉离休后，家里也曾热闹过一阵子。有人给他送来了顾问之类的聘书，有人来请他挂个名誉职务。郭新吉都一一谢绝。一天晚上，一位自称是某公司经理的人来到郭新吉家，想请他帮忙"办点事"，并保证"不会亏待他"。郭新吉回绝后，这个人指着郭新吉破旧的家具说："你马列了一辈子管什么用？现在离休了，也该活套活套了。"郭新吉说："我人虽然离休了，但我思想不能离休，我还是一名共产党员，共产党员就不能干给党抹黑的事。"

凤台淮河大桥建设期间，郭新吉工作过的阜阳县一个建筑单位的同志来找他说："老领导，大桥建设工程量大，劳驾你动动嘴给我们搞一个工程干，办好了给你2000元辛苦费。"郭新吉眉头一皱，说："这事我绝对不能干，那不是共产党员干的事。况且我已经离休了，不管大桥建设的事。"他还劝告说："作为老领导，我要求你不要拿这钱去腐蚀别的干部。"一席话，说得那位同志尴尬而去。

然而只要是党的需要，郭新吉总是主动请战，不讲价钱。1987年10月下旬，王集乡东朱、王郢两个村的干部多次向县里反映，由于新集煤矿征地，两村之间的水系被打乱，直接影响了1000多亩土地的水利灌溉，急需县里帮助解决，县里为此请郭书记"出山"做参谋。"老水利"郭新吉实地察看后，提出在两村两边建一个电灌站，既能避开塌陷区、工矿区、生活区，又不影响领近村。县政府很快批准此方案，建成了电灌站，有了好的效益。当地农民感激地说："老书记又为俺们办了桩好事！"

◎文苑拾萃

花鼓灯·凤台花鼓灯

凤台花鼓灯的形成和发展有着良好的自然条件及人文环境。凤台古称州来，

又名下蔡，位于淮河中游，交通发达，物产丰富，民风淳朴。凤台花鼓灯历史悠久，其发展历程可划分为四个阶段：一是从萌芽到成熟阶段，凤台花鼓灯起源于宋、元时期，至清代中叶已初具规模，趋于成熟，深受人民喜爱，成为流传甚广的民间艺术；二是清末民初阶段，花鼓灯在凤台基本形成自己的流派特色，为新中国成立后进一步发展奠定了基础；三是新中国成立后的阶段，花鼓灯登上了高雅艺术的殿堂，被誉为汉民族舞蹈的典型代表；四是党的十一届三中全会以后阶段，花鼓灯艺术受到重视，重获新生。

凤台花鼓灯的产生是中国民间歌舞艺术史上重要的一页，是淮河文化在舞蹈方面的集中体现。凤台花鼓灯有400多种语汇、50多种基本步伐，讲究男女角色配合，着意感情描绘，动作细腻，扇花变化多样。花鼓灯舞蹈动作内涵丰富，其中典型动作"三掉弯"（三道弯）强调腰部的扭动，是东方舞蹈的重要特征"S"型在花鼓灯中的充分体现。

花鼓灯艺术是淮河流域一些艺术品种的根脉。淮剧、淮北花鼓戏、泗州戏、凤阳花鼓等都是由花鼓灯衍生而来的。凤台花鼓灯影响和丰富了淮河以北的民间舞蹈和民间艺术。目前原生态的凤台花鼓灯已濒临消亡，急需有效保护和全力抢救。

ZHONGHUACHUANTONGMEIDEBAIZIJING

中华传统美德百字经

律·严以律己

第四篇

对人严，对己更严

子罕却宝

◎身不善之患，毋患人莫己知。——《管子·小称第三十二》

左丘明（约公元前502—约前422年），姓左，名丘明（一说复姓左丘，名明；也有说姓丘，名明），春秋末期鲁国人。左丘明知识渊博，品德高尚，孔子言与其同耻，曰："巧言、令色、足恭，左丘明耻之，丘亦耻之；匿怨而友其人，左丘明耻之，丘亦耻之。"汉代太史司马迁称其为"鲁君子"。

左丘明的《春秋左传》中记载了一名叫子罕的郑国大夫。子罕虽身为京城中的官员，却从不恃权营私、贪恋钱财。不管是亲朋好友，还是素不相识的陌生人，凡别人送来礼物，他都一概拒收。

一天，子罕正在府中处理政务，忽然差役进来禀报说门外有个人求见。子罕急忙放下手中的事务，示意有请。

不一会儿，差役把那人请了进来。只见他身着峨冠博带、衣冠楚楚，进门后一边向子罕施礼作揖，一边口若悬河地说开了：

"久闻大人英名，如雷贯耳，怎奈宋齐两国路途遥遥，无缘相见，今日得见大人尊容，实属三生有幸……"

子罕十分谦和地回答说："客人来访，理当会见，请不必多礼。"

接着，子罕想询问来人的情况和来意。然而那人却只管一面欣赏厅里的摆设，一面不断地奉承子罕。见此，子罕虽耐着性子，浑身却像针扎一样难受。出于礼貌，子罕不便发火，只好敷衍着和他胡乱谈了一会儿。坐了好半天，那人也未说明来意。子罕因身有公事，心里很着急，只得委婉地说："足下一路风尘仆仆，鞍马劳顿，是否先到客舍休息休息？"

那人说："大人既是公务在身，小人不敢打扰，今日至此，只有一事相商。"说着，抬眼望了望子罕的左右。

子罕会意，向身边的差役们挥了挥手，让他们退下。那人见厅内别无他人，走到子罕跟前，低声地说："小人仰慕大人已久，今日得以相见，我这里有一块刚得到的宝玉，要是雕琢好了，它是无价之宝啊！现在我奉献给你，请大人笑纳。"

说着，那人从袖中把那块碧玉取了出来，双手递给了子罕。子罕接过那玉细看，确实是块宝玉。他放在手上翻来覆去看了几遍，然后又把那玉又递还给了那人。

那人一看，急了，他以为子罕怀疑那玉不是真宝，忙说："小人已请玉匠鉴定过了，这的确是块价值连城的宝玉啊！你看这纹理多么华美，这色泽多么斑斓，这形态……"

子罕见那人如此百般殷切，笑着解释说："我并非怀疑它不是宝，我不收，是因为它是你的宝，而不是我的宝。对你来说它是无价之玉，而它对我来说就不是宝。你把碧玉作为宝，我把不贪作为宝。如果我收了你的宝，岂不是你也丢了宝，我也丢了宝？我看还是我们各自守住自己的宝为好啊！"

听了子罕的这一番话，那人只得收起那块玉，灰溜溜地走了。

◎故事感悟

子罕是一个廉洁、不贪钱财，具有自珍、自重、自律的良好品德之人。

◎史海撷英

假途灭虢

春秋初期，晋国传至献公，积极扩军，拓展疆土。晋献公为了夺取崤函要地，决定南下攻虢国（都上阳，今河南陕县境）、但虞（今山西平陆北）邻虢的北境，为晋攻虢的必经之途。晋献公害怕两国联合抗晋,遂采用大夫荀息各个击破之计,先向虞借道攻虢,再伺机灭虞。周惠王十九年(公元前658年),晋献公派荀息携带美女、骏马等贵重礼品献给虞公,请求借道攻虢。虞公贪利,又被荀息花言巧语所迷惑,遂不听大臣劝阻,不但应允借道,还自愿作攻虢先锋。

当年夏,晋虞联军攻下虢国重镇下阳(今山西平陆境),使晋控制了虢虞之间的要道。二十二年,晋又故技重施向虞借道。宫之奇用"辅车相依,唇亡齿寒"的道理,说明虢、虞地理相连,利害攸关,虢亡虞必亡,劝虞公绝不能答应借道。但虞公认为,晋、虞是同宗,不会相欺,拒不听劝。十月十七日,晋军围攻虢都上阳。十二月初一破城灭虢。后晋班师暂住虢国休整。晋军乘虞不备,发动突然袭击,俘虞公,灭其国。虢、虞亡国的惨痛教训,使后世加强了弱国联合抗击强国的思想。

这次战争的规模虽然不大,但是却揭示了军事斗争的一些重要规律,给后世留下重要的启示和教益。

◎文苑拾萃

《左传》

《左传》原名为《左氏春秋》,汉代改称《春秋左氏传》,简称《左传》。它起自鲁隐公元年(前722年),迄于鲁悼公十四年(前453年),以《春秋》为本,通过记述春秋时期的具体史实来说明《春秋》的纲目,是儒家重要经典之一。

《左传》与《春秋公羊传》、《春秋谷梁传》合称"春秋三传"。《左传》实质上是一部独立撰写的史书。

《左传》对后世的影响首先体现在历史学方面。它不仅发展了《春秋》的编年体,还引录保存了当时流行的一部分应用文,给后世应用写作的发展提供了借鉴。仅据宋人陈骙在《文则》中列举,就有命、誓、盟、祷、谏、让、书、对等八种之多,实际还远不止此。

子文不护族亲

◎荣辱之责在乎己，而不在乎人。——《韩非子·大
体第二十九》

子文斗氏，名谷于菟，字子文，是斗伯比之子，生于郧（今京山、安陆一带），
春秋时楚国令尹。其母为郧国国君之女，出生后被弃于云梦草泽中，传说由虎喂乳，
后由郧君收养。楚成王八年子文（前664年）被任为令尹，执掌楚国军政大权二十七年，
其间两次去职又复职，对升降处之泰然；成王十七年，率军灭弦（今河南潢川、光山
一带）；三十二年，随国以汉东诸侯叛楚，他率军镇压，稳定了汉东的局势；三十五年，
主动辞职，推荐楚将成得臣当令尹。后世为纪念他，曾在安陆建子文庙。

子文是春秋时楚国的令尹，他办事公道、执法严明、正直无私。

一次，掌管刑狱的廷理逮捕了一名犯人，审讯中，那犯人如实招了供，
最后又战战兢兢地乞求说："小人作下此孽，实属罪有应得，无论如何处治，
我都绝无怨言；只是恳请大人，千万不要将我的事告于令尹知道。"

廷理听了，感到很奇怪，大声喝道："大胆！你小小一个囚犯，也敢提及
令尹大人？"

"大人容禀，因为令尹大人和小人是族亲，他平时素来对我们就管得很严，
这会儿要是听说小人犯罪，岂不是要动怒么？倘若气坏了身子，小人我怎么
担待得起，所以……"

"此话当真？"廷理对那犯人的话有些将信将疑。

"没有半句假话。"那犯人说。

听到这儿，廷理心想：此人既是令尹大人的族亲，我如何惹得起他？倒不

如送个人情了事。想到这里，便对那人说："这次看在令尹大人的面子上，且饶了你，以后你倘若再敢造次，那可就难办啦！"说着，便打开刑具把他放了。

那人连忙叩头谢恩，随后，连滚带爬地出了府衙。

不久，子文知道了这件事，立即派人把廷理招来。廷理满以为子文会好好地谢他，便喜孜孜地来了。

子文见廷理来了，瞥了他一眼，问道："听说我的一个族人的案子是你审理的？"廷理连忙答道："是的，大人。不过，我已将他放了。"

"你不是将他逮捕了吗，怎么又放了呢？"子文故作不解地问。

廷理表现出一副十分内疚的样子，毕恭毕敬地回答子文说："原先下官不知道他和您的关系，所以多有冒犯，请大人海涵。"

子文听到这儿，十分生气地责备道："你真糊涂啊！国家设置廷理这个职位，就是为处治违法犯罪者。一个正直的廷理就应当秉公办案，执法如山；可你却违背法律，屈服于权势，无端地宽容了犯罪之徒，这是天理难容的事啊！"接着又说："那个人明明犯了法，就因为我的关系，就放了他，这不等于是在告诉天下的老百姓，我子文是一个徇私枉法的人吗？"

子文义正辞严的一番话，说得廷理哑口无言。随后，子文又立即派人把那个犯法的族人抓了来，亲自交给了廷理。廷理依法处治了他。

这件事，很快在楚国的老百姓中传开了，大家都夸赞子文办事无私，执法公平。

◎故事感悟

子文对自己严格要求，公正执法，不徇私枉法，让人敬佩。

◎史海撷英

三仕三已

斗子文曾三次辞去令尹的职务，家里连一天用来生活的积蓄都没有，这是子文体恤百姓的缘故。成王听说斗子文几乎吃了上顿就没有下顿，因此每逢朝见时就预备一束干肉、一筐干粮，用来送给子文。以后就成为国君对待令尹的常例。成王每当增加子文的俸禄时，子文一定要逃避，直到成王停止给他增禄，他才返回朝廷任职。有人对子文说："人活着就是求个富贵，但你却逃避它，为什么呢？"他回答说："当政的人是庇护百姓的，百姓的财物空了，而我却得到了富贵，这是使百姓劳苦来增加我自己的财富，那么我离死亡也就不远了。我是在逃避死亡，不是在逃避富贵。"所以楚庄王在位的时候，灭了若敖氏家族，只有子文的后代存活了下来。

◎文苑拾萃

春秋五霸

从公元前 770 年到前 476 年，历史上称为春秋时期。在这 290 多年间，社会风雷激荡，可以说是烽烟四起，战火连天。仅据鲁史《春秋》记载的军事行动就有 480 余次。司马迁说：春秋之中，"弑君三十六，亡国五十二，诸侯奔走不得保其社稷者，不可胜数"。相传春秋初期诸侯列国 140 多个，经过连年兼并，到后来只剩较大的几个。这些大国之间还互相攻伐，争夺霸权。春秋时期，周天子失去了往日的权威，天子反而依附于强大的诸侯。一些强大的诸侯国为了争夺霸权，互相征战，争做霸主，先后称霸的五个诸侯就被称为"春秋五霸"。

廉洁自律的孙叔敖

◎君子不临事而恕己，然后有自反之功，自反者，修
身之本也。——《胡宏知言·卷一·天命第一》

孙叔敖（约前630—前593），芳氏，名敖，字孙叔，春秋时期楚国期思（今河南固始）人，楚国名臣。孙叔敖在海子湖边被楚庄王举用，公元前601年，出任楚国令尹（楚相），辅佐楚庄王施教导民，宽刑缓政，发展经济，政绩赫然。孙叔敖主持兴修了芍陂（今安丰塘），改善了农业生产条件，增强了国力。司马迁《史记·循吏列传》列其为第一人。

孙叔敖，春秋时期楚国人。他出生在一个小官吏家庭，从小聪明伶俐，心地善良，常常帮助别人做好事。由于他博学多才，品德清奇，被楚庄王任命为楚国的令尹。

据说，孙叔敖当了令尹后，四方的吏民纷纷登门祝贺。一天，来了位老者，白头发、白胡子、白帽子、白衣服，仿佛给人吊丧一般。众人都认为这是个老疯子，主张把他轰走。

"不能如此，不能如此。"孙叔敖劝阻大家，又对众人说："他既然如此怪异，其中必有缘故。今天不管是谁，来到府上都是客人。"说完，他整好衣冠，把老人请到了厅内，恭敬地向老人施了一礼，诚恳地向老者问道："请问老者，人尽来贺，您独来吊，难道有什么话要教导我吗？"

只见那位老者一板一眼地说："我有三言，请君切记：身处富贵而傲慢无礼教训他人者，人们就会唾弃他；职位很高而独断擅权、玩弄权术者，国君就会厌恶他；享受的俸禄已经很多，仍贪心不足者，众人就会躲避他。"

孙叔敖听了这番话，赶忙给老者作揖行礼，请他多加教诲。

老者接着说："身贵而不骄民，位高而不擅权，禄厚而不苟取。你若能坚守这三条为官的原则，就可以治理好楚国了。"说完，飘然而去。

孙叔敖听完老者的话，心里敬佩不已。他上任后，帮助楚庄王改革制度，整顿吏治，训练军队；又组织民众拓荒种地，开挖河渠，努力发展生产。楚国很快富强起来了。《史记》上记述了当时楚国的繁荣景象："上下结合，世俗盛美，政缓禁止，吏无奸邪，盗贼不起，民乐其生。"楚庄王因得到这样一个好令尹，心里也痛快得很。但是没过多久，孙叔敖就在繁忙的政务中积劳成疾，一病不起。楚庄王征集了楚国最有名的医生为他医治，也未能见效。

孙叔敖临终前，把儿子孙安叫到床前，嘱咐说："我知道你没有治理国家的才能。我死后，你千万不要做官，还是回老家务农去吧！如果大王一定要封给你土地的话，千万不要争好地方，把那块没人要的寝丘要来就可以了。我已写好了给大王的奏章，我死后，你把它递上去。"

孙叔敖去世后，他儿子孙安遵嘱把奏章呈送给楚庄王。楚庄王一看，上面除了有关内政、外交、经济、年事和爱护百姓、奖励耕织的许多建议外，还写了这样一段话："靠了大王的信任，我这样一个普通的乡下人居然做了楚国的令尹。尽管我十分努力办事，也报答不了大王的恩宠。现在，我要离大王和楚国而去了。我只有一个儿子，但他没有治理国家的才能。我恳求大王不要留他在身边做官，让他回到家乡去生活，这就是对他很好的照顾了。"

楚庄王一边看着奏章，一边流泪。看完奏章，他痛心疾首，冲着天上喊："苍天啊！你为什么夺走我的股肱之臣！"他要孙安留在身边当大夫。孙安坚持说要照父亲的嘱咐，回家乡去。楚王一再挽留不成，只好答应了。但是，也许是楚王觉得孙叔敖做了多年令尹，家里生活不会有问题；也许是由于他过分悲痛，把孙安今后如何生活的事忘了，他答应了孙安的请求后，再也没有提起过如何安排孙叔敖家人今后的生活了。

孙安回到家乡后，生活艰难，只得靠打柴为生。许多年后，还是靠着孙叔敖生前的好友优孟用了让孙叔敖"复生"之计，才得以使楚庄王了解了孙安的困境。后来楚庄王要请孙安在宫中做官，孙安仍表示要坚持遵照父亲的意思不愿做官。楚庄王说："不做官，就封你一座城吧！"孙安无论如何也不要。楚王只好说："你什么都不要，我心里如何过得去呢？天下人也要骂我的。"孙安听了说："如果这样，就请大王把寝丘那块地封给我吧！"楚王说："寝丘是块没人要的废地呀！"孙安说："这不是我想出来的。父亲临终前就是这样交待的，我怎么好自作主张更改呢？"

最后，楚庄王叹息了一阵，只好答应了孙安的要求，把寝丘封给了他。

◎故事感悟

无论贫贱与富贵，恪守自己的节操、坚持自己的信仰，才会让世人敬仰。

◎史海撷英

城濮之战

公元前632年，为争夺中原霸权，晋军谋略制胜，在城濮（今山东鄄城西南）大败楚军，开"兵者诡道也"先河的一次作战。四月，晋、楚两军为争夺中原地区霸权，在城濮交战。楚军居于优势，晋军处于劣势。晋国下军副将胥臣奉命迎战楚国联军的右军，即陈、蔡两国的军队。陈、蔡军队的战马多，来势凶猛。胥臣为了战胜敌人，造成自己强大的假象，以树上开花之计，用虎皮蒙马吓唬敌人。进攻时，晋军下军一匹匹蒙着虎皮的战马冲向敌阵，陈、蔡军队的战马和士卒以为是真老虎冲过来了，吓得纷纷后退。胥臣乘胜追击，打败了陈、蔡军队。

◎文苑拾萃

芍陂

中国古代淮河流域水利工程，又称安丰塘，位于今安徽寿县南。芍陂引淠入白芍亭东成湖，东汉至唐可灌田万顷。隋唐时属安丰县境，后萎废。1949年后经过整治，现蓄水约7300万立方米，灌溉面积4.2万公顷。

芍陂由春秋时楚相孙叔敖主持修建，与都江堰、漳河渠、郑国渠并称为我国古代四大水利工程。

司马迁试妻

◎御寒莫如重裘，止谤莫如自修。——《金楼子·戒子第五》

　　司马迁（公元前145—前87年），字子长，西汉夏阳（今陕西韩城，一说山西河津）人，我国西汉伟大的史学家、思想家、文学家，著有《史记》，又称《太史公记》。《史记》记载了上自中国上古传说中的黄帝时代，下至汉武帝太初四年（公元前100年），共3000多年的历史。

　　司马迁是我国伟大的史学家、文学家和思想家，汉武帝时司马迁在朝中任太史令。

　　一日，司马迁正在书居中翻阅史书，忽然家仆来报，说门外有客人求见。他急忙放下手中的书，示意有请。不一会儿，一位家仆打扮的人走进屋来，只见那人从怀中取出一封信和一个精致的小盒子递给司马迁。他打开信一看，原来是大将军李广利写来的。

　　这时，司马迁的夫人和女儿妹娟走了进来。妹娟好奇地打开那个小盒子，只见里面放着一块晶莹剔透、光彩夺目的玉璧，不禁脱口赞道："美哉！这真是稀世之宝啊！"

　　司马迁闻声，也不由自主地接过玉璧，翻来覆去地玩赏着，口里也赞叹道："是啊，如此圆润，这般光洁，真可谓白璧无瑕啊！"

　　站在一旁的夫人见此情景，开口问道："莫非大人想要收下此玉？"

　　司马迁笑笑说："便是收下又能怎样？而今送礼受贿已成风气，朝廷内外、举国上下，两袖清风者又有几个？"

夫人听罢，忿然作色地说："送礼受贿，投机钻营，历来为小人所为，大人对此一贯深恶痛绝，今日不知为何自食其言。不错，收下此礼也许不会有人追究，但只怕是要玷辱了大人的人格！"

司马迁一听，"扑哧"一笑，说："夫人所言正是。我只是故意考一考你，谁知你竟当起真了。"

接着，他又转过身来，语重心长地对女儿说："此玉之所以美，就是因为它没有斑点、污痕，人也如此。我是一个平庸之辈，从不敢以白璧来比喻自己，但如果收下这份礼物，心灵上就会沾染上污痕。"

说着，司马迁把玉璧装回盒中，交给那个家仆，随即又挥笔给李广利写了一封回信，表达了他的谢绝之意。

◎故事感悟

司马迁之所以一生清正廉洁、刚正不阿，握紧如椽大笔写出流芳百世的《史记》，缘于身后站着一位相依为命、甘于清贫、共赴患难的"廉内助"。

◎史海撷英

李陵事件

公元前99年，正当司马迁全心投入撰写史记时，遇上了飞来横祸，这就是李陵事件。那年夏天，汉武帝派宠妃李夫人的哥哥李广利率领士兵讨伐匈奴。在对匈奴的作战中，汉武帝任用亲戚李广利来担任总指挥。李陵不甘心让这个不学无术的庸才当总指挥，就请求带5000士兵作战。他正苦恼能不能行时，汉武帝居然答应了，太不可思议了！原来汉武帝是这样想的：看你如何惨败！

李陵如愿以偿了，他经过八个昼夜昏天黑地的战斗，杀死了10000多名匈奴人。但是，李广利和他因为汉武帝的原因，本来就有些不和。这一次李陵得不到他的后援，不幸被俘虏了。

李陵打了败仗的消息传到长安后，汉武帝本希望他能在这次战争中死亡，但听说他投降于匈奴，十分愤怒。满朝的文武官员前几天还称赞着李陵的英勇，今天却因为怕小命不保而纷纷顺着汉武帝的意指责李陵。汉武帝发现司马迁沉默不语，便询问他对这事件的看法。司马迁一边安慰汉武帝，一边尽全力为李陵辩护。他认为李陵平时很孝顺他的母亲，对朋友也很讲信义，对别人也很谦虚礼让，对士兵也很有恩信，国家的大事常常奋不顾身地去努力把它做到最好。他说："李陵只率领5000步兵，就能杀死10000多兵，在走投无路的情况下还奋勇杀敌。他投靠了匈奴，一定是想日后寻找适当的机会报答陛下。"

他的直言激怒了汉武帝，他认为司马迁是在贬低他夫人的哥哥李广利，所以下令将司马迁打入大牢。不久，又有传闻说李陵带匈奴兵来打汉族，昏庸的汉武帝信以为真，便草率地处死了李陵的母亲、妻子和儿子。司马迁也因替李陵辩护而被判死刑。但司马迁想到还没有完成史记，才忍辱负重地活下来。

在这种情况下，司马迁留下了流传至今的著名的一句话："人固有一死，有的重于泰山，有的轻于鸿毛！"

就这样，司马迁发愤写作，用了整整13年的时间，完成了辉煌的《史记》。这部前无古人的巨著，几乎耗尽了他毕生的心血。

◎文苑拾萃

纪传体

东亚史书的一种形式，是以本纪、列传人物为纲，时间为纬，反映历史事件的一种史书编纂体例。纪传体史书的突出特点是以大量人物传记为中心内容，是记言、记事的进一步结合。

从体裁的形式上看，纪传体是本纪、世家、列传、书志、史表和史论的综合。本纪，基本上是编年体，兼述帝王本人事迹；世家，主要是记载诸侯和贵族的历史；列传，是各方面代表人物的传记；书志，是关于典章制度和有关自然、社会各方面的历史；表，有世表、年表、月表，世系表、人表等多种名称，是用来表示错综复杂的社会情况和无法一一写入列传的众多人物。优秀的纪传体史书把这些体裁配合起来，在一部史书里形成一个相辅相成的整体。它既有多种体裁的混合，又有自己特殊的风格。

李惇性刚直

◎不妄求，则心安，不妄做，则身安。——格言

李隆基（685—762年），712年至756年在位，唐睿宗李旦第三子，母窦德妃，庙号"玄宗"，谥"至道大圣大明孝皇帝"，故亦称为"唐明皇"，另有尊号"开元圣文神武皇帝"。李隆基在位期间开创了唐朝的鼎盛时期，史称"开元盛世"。玄宗在位后期爆发安史之乱，从此唐朝国势走向衰落。

　　唐玄宗时，有一名叫做李惇的官员，他自幼聪明，满腹经纶，深知大节，公正为民，有古人之风。

　　李惇曾在淄青节度使王衡手下做判官。他担任判官后，忠于职守，直言敢谏。

　　王衡的弟弟也住在淄青，时常干预政务。为此，李惇多次向王衡提意见。

　　王衡说："我们兄弟二人从小无父无母，相濡以沫，实在不忍心见他不得意啊！"

　　李惇说："将军既然怜爱弟弟，就该教导他按情理办事，哪能骄纵他呢？"王衡不肯听劝。

　　王衡很迷信，家里常做法事，祈福祷寿，车马进进出出，官民深感不便，认为是一大弊端。李惇又就此事进谏，王衡仍不肯听。

　　有一天，王衡当着一些客人，有事请教李惇，李惇说："我前后提过好多建议了，将军都不肯听，现在又何必问我呢？"当着众人的面，王衡下不来台，勃然变色道："李十五，你就是好诽谤人。"

李惇在家族中排行十五，因此王衡喊他李十五，显然不是昵称，而是蔑称。

李惇见王衡说他好诽谤人，便说："将军把忠言说成诽谤，我在这住下去还有什么用呢？请让我这就走吧。"说罢，拜了两拜，快步走出大帐，登车而去。

王衡怒不可遏，但又不便追回，只得作罢。

◎故事感悟

清者自清，廉者自廉。在公理面前，李惇是刚直无畏的，他纵使不能要求别人严以律己，自己却能够做到清廉，这种精神是值得我们效仿的。

◎史海撷英

唐玄宗的兵制改革

为了重新统一北方，唐玄宗采取了很多措施，为收复北方领土做准备。这主要是对于兵制进行了改革。原来的府兵制由于均田制的破坏，致使农民逃亡，影响了军队的兵源。高宗和武则天时期，对于军事不太重视，到了唐玄宗做了皇帝时，士兵逃跑现象极为严重，军队战斗力也很低，无法和强悍的突厥军队抗衡。

723年，即开元十一年，唐玄宗接受了宰相张说的改革主张，建立雇佣兵。从关内招募到军士12万人，充当卫士，这就是"长从宿卫"，也叫做"长征健儿"，这次改革是从府兵制到雇佣兵制的转变。此后经过十多年的努力，玄宗将这种制度推广到了全国。这种制度使原来的府兵轮番到边境守卫的做法取消，解除了各地人到边境守卫之苦。同时，这种雇佣兵还为集中训练、提高战斗力提供了保证。

悬鱼太守羊续

◎责己则有路，责人则无途。——《泾野子·内卷篇二十七》

> 羊续（142—189年），东汉太山平阳（今山东新泰东南）人，字兴祖。其父在桓帝时曾任太常。羊续以忠臣子孙拜郎中，后去官，辟为大将军窦武官署。窦武败后，羊续因党锢之祸被禁锢十年；党禁解，辟大尉府，四迁为庐江太守；后又任南阳太守，征入为太常。羊续施政清平，深受官民爱戴，为官清廉俭朴，府中资藏仅布衾、盐、麦数斛而已。羊续卒于太常任上，年仅48岁。

羊续，东汉末年在光武帝老家南阳郡任太守。

南阳这个地方比较富裕，俗称鱼米之乡。由此，社会风气比较奢华，郡县官吏衙役间彼此请客送礼、拉关系和托请办事之风盛行。而羊续素来为人正直、清正廉洁，对此种风气十分厌恶。到任后，他决心扭转这种风气。

就在他到任不久，一位府丞提了一条又大又鲜的鲤鱼，兴冲冲地去看望他。

羊续见他提着一条大鱼来见他，不解地问："你这是什么意思，莫非是来给本官送礼？"

府丞解释说："这不是送礼。只因南阳白河鲤鱼出名，这是我自己在空暇时从河里捞到的，出于同僚之情，请您尝尝鲜，增加些对南阳的感情。"

羊续听了他的话，深知其话中有话，不动声色地表示说："同僚的友好情意我心领了，但这鱼是不能收的。"

府丞三番五次地争辩，无论如何也要羊续收下，末了还说："若是太守不肯收下，就是不愿与我等共事了。"

羊续无奈，只得答应把鱼留下了。

府丞在回家的路上觉得很得意，心想：都说羊续铁面无私，不收受别人的礼物，今天不也收下了吗？哪知，待府丞走后，羊续马上叫家人用一条麻绳把鱼拴好，悬挂在自家的房檐下。

过了几天，这位府丞又来了。这次又带了一条比上次那条更大、更鲜的鲤鱼。羊续见了，很不高兴，沉着脸很严肃地对府丞说："在南阳，除了太守，就属你的职位高了。你怎么带头给我送礼呢？"

府丞仍以上次的经验，不以为然地摇了摇头，接着还想再说点什么。

这时，羊续叫人从房檐下取回上次那条鱼，送给府丞说："这是你上次送来的那条鱼，现在有两个办法：一是请你把这两条鱼一块儿拿回去；再一个办法，如果你坚持不拿回去，我就只好把两条鱼都挂在我的房檐下，并告诉大家说这是你给我送礼来了。"

府丞听了这番话，脸一下子红了，只好带着两条鱼，悻悻地离去了。

这事传出后，南阳再也没人敢给太守送礼了。百姓们都非常高兴，称赞这位新来的太守真是廉洁。大家还风趣地给羊续取了个雅号，称他是"悬鱼太守"。

◎故事感悟

律己，从小事做起。贿赂不分大小，都将在每个人的生命中增添污点。

◎史海撷英

董卓之乱

东汉末年，地方军阀董卓奉调入朝后实行暴政。中平六年（189年）汉灵帝死，汉少帝刘辩继位，外戚何进辅政。何进与贵族官僚袁绍合谋诛杀宦官，不顾朝臣反对私召凉州军阀董卓入京。后因谋泄，何进被宦官张让等所杀。袁绍带兵入宫，杀尽宦官，控制朝廷。随后董卓率军进入洛阳，并领何进所属部曲，又使吕布杀执金吾丁原，并吞其众，自己还诛杀大臣。由此势力大盛，得以据兵擅政。他废黜少帝，立陈留王刘协为汉献帝，并自任太尉领前将军事，更封为郿侯，进位相国。又逼走袁绍等人，独揽军政大权。初平元年（190年）袁绍联合关东各州郡兴兵声讨董卓。董卓见关东联军势盛，乃挟持献帝退往长安，临行把洛阳的金珠宝器、文物图书强行劫走，焚烧官庙、官府和居家，并胁迫洛阳几百万居民一起西行，致使洛阳周围"二百里内无复孑遗"（《后汉书·董卓传》），室屋荡尽。次年，董卓又授意朝廷封他为太师，地位在诸侯王之上，车服仪饰拟于天子。他还拔擢亲信，广树党羽，宗族内外，并居列位，子孙年虽幼小，男皆封侯，女为邑君。又筑坞于郿（今陕西眉县东渭水北），号"万岁坞"，积谷可供30年。初平三年四月，司徒王允与董卓部将吕布合谋，终于刺杀董卓。百姓歌舞于道，"市酒肉相庆"。董卓部将李傕、郭汜听从贾诩的建议率兵攻入长安，赶走吕布，杀死王允，大肆报复，吏民死者万余人。随后李傕劫持献帝，郭汜扣留公卿大臣。不久，李傕为曹操所杀，郭汜也为其部将所杀。经过这场动乱，关中地区二三年"无复人迹"，社会生产遭到严重摧残。

◎文苑拾萃

断代史

以朝代为断限的史书，始创于中国东汉班固所著的《汉书》。二十五史中除《史记》外均属此体。编年体和纪事本末体的史书，以朝代为断限的，也属断代史。

断代史的主要特点是只记录某一时期或某一朝代的历史，如《汉书》。《汉书》是我国第一部纪传体断代史，分为12篇纪、8篇表、10篇志、70篇传，共100篇，80来万字。记事上起于汉高祖元年，下至王莽地皇四年，共229年历史。从《史记》到《明史》的二十四史，除了《史记》以外，均为断代史。以上的六种体例是按不同的标准分的。实际上，同一史书按不同标准可同时归入不同的体例，如《三国志》，就既是纪传体史书，又是国别体史书，同时还属断代史史书体例。

杨震拒金

◎直己而不直人。——《孔子家语·弟子行第十三》

> 　　杨震（59—124年），字伯起，东汉弘农华阴（今陕西华阴县）人，西汉赤泉侯杨喜的八世孙，东汉靖节先生杨宝之子。杨震少时因父早逝，自幼与母相依为命，虽家境困苦，却勤业好学，世人赞其"时经博览，无不穷究"，誉之为"关西孔子"。他潜心学术，传道授业20余载，因其学识渊博，德高望重，故从学者如市。直到50岁时，杨震才走上仕途，历任荆州刺史、涿郡太守、司徒、太尉（司徒、司空、太尉并称"三公"，主掌全国军政）等职，一生忧国忧民、清正廉洁，从不接受别人的馈赠，后遭佞臣诬陷被罢官，自杀身亡。

　　杨震，字伯起，东汉弘农华阴人。他少年时代就聪颖好学，博览群书，被当时的读书人称为是"关西的孔夫子"。

　　杨震多年客居于湖县，一边读书一边在双泉学馆讲学。州郡的官员久闻他的德才，曾多次聘他出来做官，都被他谢绝了。直到50岁那年，杨震才开始在州郡做官。大将军邓骘听说他贤明，特地举荐了他。杨震通过秀才科目的选拔，先后四次提升官职，先后当过荆州刺史、东莱太守。

　　杨震官居荆州时，发现王密才华出众，便向朝廷举荐他当了昌邑县令。后来杨震升任东莱太守，赴任途中路过昌邑。王密听说立即亲赴郊外迎接恩师，安顿食宿，照应得无微不至。

　　晚上，王密独自前往杨震下榻的寓所。王密见室中无人，便从怀中取出十斤黄金对杨震说："承蒙恩师举荐，学生才有今日，今天特备小礼，以报恩

师栽培之恩！"

"不可，不可！"杨震见状，连连摆手拒绝，并说："我推荐你，是看中了你的才华，并无半点私情。"

"我只是想报答大人的恩情，别无他意。"王密满脸堆笑，坚持地说。

杨震有些不高兴，说："我推荐你，是因为我了解你，而你为什么不了解我的为人呢？"

王密虽遭拒绝，但仍然力争地说："现在夜深人静，这事无人知道，请您放心收下吧！"

杨震听罢，脸色顿时沉了下来，声色俱厉地说："你送金与我，人怎么会不知道？即使没人知道，也有天知地知、你知我知！认为无人知道，就宽容自己，这是很要不得的。"几句话说得王密羞愧满面，只好把黄金收了起来。

◎故事感悟

拒贿倡廉、洁身自好、公正无私，是杨震做人的原则。

◎史海撷英

唯才是举

汉安帝元初四年（公元117年），杨震被调入朝廷担任太仆之职，后来升调为太常。杨震在任太常之前，博士选举大多名不副实。杨震任太常后，唯才是举，他所选用的陈留、杨伦等，都是通晓经书、学识过人的名士，能将所从事的本门学业弘扬光大，儒生们对此称赞不已。延光二年，杨震代替刘恺为太尉，汉安帝的舅父、官居大鸿胪（九卿之一，分管礼仪）的耿宝向杨震推荐中常侍（传达皇帝诏令和掌管文书的官员）李闰的哥哥，想让其入朝做官，杨震坚决予以拒绝。于是耿宝就亲自到杨震住处拜访，并威胁说："李常侍是皇上所重用的人，想让你征召他的哥哥入朝做官，我耿宝仅仅只是给你传达一下皇上的意思而已。"杨震义正词严地说："如果朝廷想让'三公'之府征召谁，就应该由尚书那里把皇帝的敕书送来，怎么能让你来传达皇上的意思呢？"耿宝无言以对，愤恨而去。皇后的哥哥官居执金吾（督巡三辅治安）的阎显也利用职权向杨震推荐自己的亲友入朝做官，杨震同样予以拒绝。而掌管工程建设的司空刘授听到这个消息后，当即征召此二人入朝做官，并且在很短时间内予以提升。两相对比，可见杨震为官是何等的光明磊落，无私无畏。但杨震却因此招致阎显等人的怨恨。

◎文苑拾萃

"天下无双，江夏黄香"

黄香是湖北江夏人，母亲早逝了，父亲是个小官员，父子二人相依为命，日子过得很清苦。黄香知书达理，对父亲十分孝敬，在炎热的夏天，他用扇子把床上、枕上的席子扇凉，让父亲睡得舒服些；到了寒冷的冬天，他先钻进被窝，把被子温热一点，再请父亲睡下。因此父亲更爱护他，帮助他学习许多知识。黄香长大以后，通过自己努力做了官。在他担任魏郡太守期间，有一次遭到水灾，当地的百姓被洪水冲得无家可归，没吃没穿，黄香便拿出自己的俸禄和家产分给了受灾的百姓。由于黄香幼年时期勤奋好学，知识渊博，对父亲又十分孝敬，后来为官又爱护百姓所以博得了许多人的赞美。当时在京城里流传着这样一句民谣："天下无双，江夏黄香。"

吴隐之饮泉自誓

◎吾日三省吾身——为人谋而不忠乎？与朋友交而不
信乎？传不习乎？——《论语·学而第一》

> 吴隐之（?—414年），字处默，东晋时鄄城人。隆安年间，吴隐之被任命为广州刺史、龙骧将军、假节，兼平越中郎将。

东晋时期的广州地区已发展比较快，又有群山接连大海，奇珍异宝出产丰富。但是，那里常有瘴气传染病，人们对此很恐惧。尽管如此，广州刺史却个很诱人的肥缺。开始的几年，先后在任的几位刺史大都贪污受贿，到卸任时都满载而归。

后来，朝廷想要革除广州的这些政弊，就决定任命吴隐之担任刺史。

吴隐之在上任途中，经过广州城北的石门，在石门的旁边有一口泉水，人称"贪泉"。据说"贪泉"的水是喝不得的，凡喝过"贪泉"的人，都会丧失廉洁之性，变得贪得无厌。有的还说，前某任刺史多年廉洁自爱，只因误喝了"贪泉"之水，结果犯了贪污罪。

对这些议论，吴隐之置之不理。他带着妻子和随从来到泉边，径直俯身从泉中舀了一杯水，当众一饮而尽，并赋诗一首："古人云此泉，一饮怀千金，试使夷齐饮，终当不易心。"意思是说，古人称这水叫贪泉，喝一口会有想得千金的欲望，然而如让伯夷叔齐来喝了，他们的节操是始终不会变的。

果然，吴隐之说到办到。到任后，他对自己及家属督责更严。他的生活很俭朴，只有青菜或干鱼下饭，同时经常教育他的亲属和部下不能铺张浪费，更不能占用公家丝毫便宜。除了维持简单生活而外，吴隐之的一切收入都缴给公库，对政务则是不辞辛苦，昼夜操劳，严明法纪。

吴隐之为官几年，广州地区繁荣昌盛、民众康乐，百姓们都称他是一心为国为民的"清官"。他卸任北归时，除了带回的简易行装外，几乎没有什么添置。

吴隐之严格要求自己的事迹在民间广为传扬。

◎故事感悟

"贪泉"只是那些贪人行为的托辞，"贪泉"不是在自然界，而是在人的心里。对自己严格的人，不会因为环境的变化而改变自己的操守。

◎史海撷英

清官吴隐之

吴隐之幼年丧父，跟母亲艰难度日，从而养成了勤俭朴素的习惯。做官后，他依然厌恶奢华，不肯搬进朝廷给他准备的官府，多年来全家只住在几间茅草房里。后来，他的女儿出嫁，人们想他一定会好好操办一下，谁知大喜这天，吴家仍然冷冷清清。谢石将军的管家前来贺喜，看到一个仆人牵着一条狗走出来。管家问道："你家小姐今天出嫁，怎么一点筹办的样子都没有？"仆人皱着眉说："别提了，我家主人太过分节俭了，小姐今天出嫁，主人昨天晚上才吩咐准备。我原以为这回主人该破费一下了，谁知主人竟叫我今天早晨到集市上去把这条狗卖掉，用卖狗的钱去置办东西。你说，一条狗能卖多少钱？我看平民百姓嫁女儿也比我家主人气派啊！"谢石将军的管家感叹道："人人都说吴大人是少有的清官，看来真是名不虚传！"

《晋书》十志

　　《晋书》的十志有：《天文志》、《地理志》、《津历志》、《礼志》、《乐志》、《职官志》、《舆服志》、《食货志》、《五行志》、《刑法志》。从名目上看与《五代史志》大同小异，相差的只是加上了《舆服志》而去掉了《经籍志》。因为《隋志》与《晋志》多出于相同作者之手，修撰时间又很接近，所以在内容上有一些重复的地方。但《晋书》十志上承两汉、下启南北朝，还是具有相当高的价值的。它的类目比较齐全，反映的社会典章制度内容比较全面。《食货志》和《刑法志》叙事包罗东汉，可补《后汉书》之不足。《地理志》对研究魏晋之际行政区划变更，州县制的变迁，都很有作用。《晋书》十志，多出于学有所长的专家之手，内容比较精当。《天文志》、《津历志》、《五行志》为著名科学家李淳风所修，一直为世所称，其中《天文》、《津历》二志尤为精审。《天文志》记载了汉魏以来天文学的三大流派：盖天说、宣夜说和浑天说，并对浑天说作了肯定；《津历志》记载魏晋时期几种历法，保存了科技史的重要材料，具有重要价值。

何易于焚诏不爱身

◎因约失之者不鲜矣！——《论语·里仁第四》

> 何易于（生卒年不详），唐朝人，曾做过四川益州昌县县令，做官期间能体恤民情，爱民如子。晚唐时古文学作家孙樵路过益昌，曾写下《书何易于》文。

何易于，唐朝时任四川益州益昌县县令。益昌县城距离刺史所驻的州治仅40余里，在嘉陵江南岸。一次，州刺史崔朴乘着大好春光，从州治出发，乘船沿嘉陵江而下观赏游玩。刺史的随从众多，一路唱歌饮酒，兴致极高。

游船经过益昌，刺史派人强行征调当地农民给他们拉船。何易于得知后，便把记事用的手板插在腰间，亲自去拉船。刺史崔朴看到县令亲自拉着船在江边土道上吃力地前行着，非常吃惊，便站在船边问其缘故。

何易于满脸汗水，站在江边说："目前正当春忙时节，老百姓不是耕地就是喂蚕，挤不出时间来拉船。我是你管辖下的县令，又不种地养蚕，正好担当这个劳役。"

崔朴一听，十分惭愧，忙和随从们一起跳下船来，骑马回去了。

益昌是个山区，老百姓大多依山种点茶树，收获度日。这年，主管盐铁的官员上奏皇上，要整顿各种买卖制度，还提出要收取茶利入官府。朝廷就此发布诏令，让老百姓上交茶税。诏书传到益昌，何易于看后说："益昌的老百姓很穷，不征茶税还都没法活下去了，怎能再用繁重的赋税去损

害他们呢？"

于是，他让县吏把诏书搁置起来，拒不执行。县吏怕抗旨不遵有杀头之祸，故而担心地说："天子有诏，谁敢抗拒？抗拒诏书，我们这些县吏要犯死罪，您难道就不怕被免职放逐吗？"

"我岂能爱自己一身而使全县的老百姓受害？"何易于说。事后，他为了不让此事牵连到县吏，便自己把诏书烧掉了。

后来，州观察使得知此事，但因久闻何易于执政贤明，又因他是为民请命，怕官逼民反，始终未告发此事。

何易于身为县令，能体察民情、爱民如子，是封建社会中难得的清官廉吏。晚唐时古文学家孙樵路过益昌，从百姓的口中了解到何易于许多以贤治县的事迹，写下了《书何易于》一文，使何易于的芳名与事迹流传于后世。

◎故事感悟

何易于虽为区区县令，但他清正廉洁、刚正不阿、仁政爱民、不私其身，深得当地民心。

◎史海撷英

"甘露之变"

公元835年（大和九年）十一月二十一日，27岁的唐文宗在大明官紫宸殿和李训等人，企图惩治宦官，夺回皇帝丧失的权力。随以观露为名，将仇士良骗至禁卫军的后院欲行刺，后与以仇士良为带边的宦官集团发生了激烈冲突，结果李训、王涯、舒元舆、王璠、郭行余、罗立言、李孝本、韩约等朝廷重要官员被宦官杀死，其家人也受到牵连而灭门，株连甚众。史称"甘露之变"。

◎文苑拾萃

《新唐书》

　　《新唐书》是记载中国唐代历史的纪传体史书，共 225 卷，包括本纪 10 卷，志 50 卷，表 15 卷，列传 150 卷。北宋宋祁、欧阳修等撰，宋仁宗嘉祐五年（1060 年）全书完成，由曾公亮进呈。《新唐书》所增列传多取材于本人的章奏或后人的追述，碑志石刻和各种杂史、笔记、小说都被采辑编入。

宋璟不徇私

◎乐骄乐，乐佚游，乐晏乐，损矣。——《论语·季氏》

> 宋璟（663—737年），字广平，河北邢台市南和县阎里乡宋台人，其祖于北魏、北齐皆为名宦。宋璟少年博学多才，擅长文学，弱冠中进士，官历上党尉、凤阁舍人、御史台中丞、吏部侍郎、吏部尚书、刑部尚书等职。唐开元十七年（729年）宋璟拜尚书右丞相。授府爵广平郡开国公，经武、中宗、睿宗、殇帝、玄宗五帝，在任52年。宋璟一生为振兴大唐励精图治，终于与姚崇同心协力，把一个充满内忧外患的唐朝，改变为政治、经济、文化、军事处于世界领先地位的大唐帝国，史称"开元盛世"。

宋璟性情刚直、刑赏无私，并敢犯颜直谏，武周时曾勇斗内宠张易之、张昌宗，力挽狂澜，拯救身遭诬陷的长史魏元忠；中宗时冒死弹劾佞臣武三思；睿宗时直谏太平公主迁居东都，以免后宫干预朝政。因此，宋璟屡次被贬、屡遭磨难，终不改治国救民之志。

宋璟品行高尚，爱民恤物。当时唐玄宗很喜欢一个叫王毛仲的宦官，朝廷上下，巴结他的人很多。王毛仲的干女儿要出嫁，唐玄宗问他还缺什么。王毛仲说有一位客人请不来。唐玄宗说：那一定是宋璟了。在宋璟的治理下，唐朝出现了路不拾遗的局面，史称"开元盛世"。朝野赞誉宋璟为"有脚阳春"（风王仁裕《天宝遗事》），意为宋璟如一缕春风，刮到哪里哪里似春风煦物，倍感温暖。宋璟教化岭南（今广州）人安居乐业；限制皇亲婚丧奢办；不为自己争名谋利；严以律己，宽以待人，均体现了宋璟爱民恤物的高尚品德。开元初宋璟铲除时弊、推行改革，废黜京城千名斜封官（用钱买的官）、截汰居功傲的"铁骑军"、查禁回收流行市场的伪币、采取量才录官的用人制度，使大唐从混乱衰败中走向繁荣，出现了"开元盛世"的局面，史称"唐世贤相，前称房杜，后称姚宋"，其政绩卓著为"唐朝四大名相"之一。此外，宋璟还工于翰墨，著作颇丰，其中《梅花赋》为其传世名作。

宋璟针对后庭擅权、任用亲信、大搞裙带关系的恶习提出了任人"虽资高考深，非才者不取"的"量才任人"主张；他为了改变过去奸佞之徒面奏皇帝必屏退左右的坏现象，提出百官奏事，必有谏官、史官在侧的主张。

玄宗对宋璟异常重用，并以师礼待之；进则迎，出则送。玄宗对宋璟提出的许多建设性意见通常都能采纳、照章办理，因而在朝政方面逐渐改变了过去唯亲信为官、唯亲戚为吏的恶习。一些内侍、酷吏、贪官之徒，也不易单独御前奏事，密诣好人，使朝廷内出现了比较清明的政治局面。

宋璟不畏权贵，力革前弊，奉公守法，不徇私情。相传他叔父宋元超当了"选人"（候选官）后，要求吏部予以优先照顾。宋璟得知后，不但不予优先录用，并手示吏部"不能私害公，矫枉必须过正，乃免其录用"。

为此，唐代规定，每年地方各道派人定期向皇帝、宰相汇报工作。使者进京，往往多带珍贵宝货，四处送礼、拜结权贵；许多官吏收礼受贿，使者也多有因此得以晋升。宋璟对此则异常不满，并面奏玄宗同意，勒令所有礼品一概退回，以绝侥求之路，削杀收礼受贿之风。在他担任御史中丞的时候，曾经查处和审讯过武则天的男宠张昌宗。他准备审完了立处死刑，想不到武则天为此发出特赦文书，赦免张昌宗之罪。宋璟大怒，拍案说："恨不得一来就打碎这家伙的脑袋！"这话被武则天听到了，为了缓和矛盾，她叫张昌宗到宋璟那里去谢罪，宋璟气愤不已，拒绝不见。这事流传出来，宋璟的刚直名震天下，武则天大大地丢了面子。

719年，唐玄宗的妻舅王仁琛到京城求官，玄宗帮他开了后门，给了一个五品官。时任宰相的宋璟坚决反对，他向玄宗说："王仁琛已得到许多恩宠，不能再破格提官。如果他真有才能，应该通过吏部认真考核，才能授官。"玄宗拗不过他，只好接受意见，取消任命。

宋璟为相期间，广州吏民怀其惠政，请为宋璟立颂碑。宋璟坚决拒绝，并对玄宗说：臣之治不足纪。广州吏民由于臣当国为宰相，"故为溢辞，徒成谄谀者"，纠正阿谀之风，"请自臣始"。宋璟建议玄宗下令禁止，被唐玄宗称为"吏治之才"。

◎故事感悟

宋璟清廉为官、刚正执法、严以律己，为后人所敬仰。著名历史学家司马光曾赞道："唐世贤相，前称房、杜（房玄龄、杜如海），后称姚、宋（姚崇、宋璟），他人莫得比焉。"

◎史海撷英

金筷表直

《开元天宝遗事》云："宋璟为宰相，朝野人心归美焉，时春御宴，帝以所用金箸令内臣赐璟。"

当年黄金餐具器皿为皇宫所垄断，北魏时，曾规定上自王公下至百姓，不许私养厂"金银工巧之人"，私造金器者是犯法的。所以当宋璟听说皇上赐他金箸，这位宰相十分惶恐，愣在阶陛前不知所措。唐玄宗见状说："非赐汝金，盖赐卿以箸，表卿之直耳。"当宋璟知道是表彰他如同筷箸一样耿直刚正时，这才受宠若惊地接过金箸。但是这位"守法持正"的老臣，并不敢以金箸进餐，仅仅是把金箸供在相府而已。

任弼时克己奉公

◎求仁而得仁，又何怨。——《论语·述而》

> 任弼时（1904—1950年），伟大的马克思主义者，杰出的无产阶级革命家、政治家、组织家，中国共产党和中国人民解放军的卓越领导人，以毛泽东同志为核心的中国共产党第一代领导集体的重要成员。

任弼时，湖南湘阴县人，曾任中国共产党中央政治局委员和书记处书记。

新中国成立前夕，任弼时身患重病，不得已在家里养病休息。他的住房不宽敞，又邻近大街，不适宜养病，组织上就给他安排了个较为舒适安静的地方，建议他搬过去住。任弼时知道后说："那房子住着一个机关，而我是一个人，怎能牵动一个机关呢？当干部不能搞一丝一毫的特殊！"

后来，组织上又给他找了一所房子，准备花钱修理。他知道后又制止说："现在国民经济正在恢复发展时期，需要用钱的地方很多，还是把钱用到建设上去吧！"

就这样，一直到他逝世，始终住在原来的房子里。

任弼时不仅在住房上不愿自己特殊，连平时生活上的小事也是如此。

他在北京养病时，经常到景山去散步。因身体不好，不能走远路，警卫员建议从较近的小门过景山公园，他答应了。但走到那里一看，小门上搭拉着一根铁丝，上面挂着一块"游人止步"的牌子，他二话没说就往回走。

警卫员劝他说可以进去，任弼时立即教育他说："这里挂着牌子，说明公

园有规定。这是他们的制度，我们绝不能破坏！"结果他还是每天坚持走原路去景山。

任弼时不但严于律己，对子女的要求也十分严格。

还是在他转战陕北时，他的大女儿和二女儿正好上初中和小学。每次敌人来了，她们都得跟着学校转移，有时还要翻山越岭。有的同志见她们年纪小，出于对她俩的关心，准备把她俩送到中央机关大队，跟着妈妈陈琮英一起走。任弼时坚决不同意，说："让她们锻炼一下吧，不要把孩子养成革命的娇子。"

这样，在转战陕北的一年多时间里，任弼时的两个女儿一直自己背着背包，和学校的老师一道徒步跋涉。

进了北京后，他也经常教育孩子要爱护国家财产、节省开支，还教育家里人不要浪费一度电、一滴水。孩子上学时，平时在学校吃饭，星期天回家也不让他们吃小灶，而是让他们到食堂买饭吃。他这样做，为的是不让孩子产生特殊感。他经常对孩子说："吃了人民的小米，不能辜负人民对你们的希望，将来一定要为人民做事。"

任弼时因病逝世后，全国人民都深深地怀念他。

◎故事感悟

任弼时一生为中国人民的解放事业努力奋斗，生活中勤俭朴素、克己奉公，从不为个人谋一点私利。

◎史海撷英

五大书记

1945年4月23日—6月11日，中国人民抗日战争即将取得最后胜利的时候，中国共产党第七次全国代表大会在延安举行。这次会议是在毛泽东的主持下召开的，大会取得了圆满的成功，成为中国共产党发展史上一次空前的团结的大会、胜利的大会。在大会通过的新党章中，明确规定了以毛泽东思想作为中国共产党一切工作的指针。在这次大会上，选举产生了以毛泽东为核心的新的中央委员会。更值得人们注意的是，在6月19日召开的中共七届一中全会上，选举毛泽东、朱德、刘少奇、周恩来、任弼时为中央书记处书记，史称"五大书记"。毛泽东同志当选为中央委员会主席、中央政治局主席和中央书记处主席。中国共产党以毛泽东为核心的第一代领导集体形成。

自此以后至新中国成立初期，中共中央"五大书记"成为中国共产党的最高领导层。后来的实践证明，中共"七大"产生的以毛泽东同志为核心的中共中央领导集体，是一代政治上成熟、紧密团结合作的领导集体，在这个集体的身上，肩负着中国的前途与希望。

◎文苑拾萃

八七会议

1927年8月7日，中共中央在湖北省汉口秘密召开紧急会议——这就是在中国共产党历史上有着重大转折意义的"八七会议"。

这次会议的主要目的是总结大革命失败的经验教训，确定今后革命斗争的方针。出席会议的有部分中央委员、候补中央委员及中央机关、共青团中央、地方代表共21人。共产国际驻中国代表罗米纳兹等参加了会议。会议由瞿秋白、李维汉主持。由于当时环境极其险恶，会议只开了一天。

八七会议是在中国革命的危急关头召开的，会议正式确定了实行土地革命和武装起义的方针，并把领导农民进行秋收起义作为当前党的最主要任务，从而使全党没有在白色恐怖面前惊慌失措，指明了今后革命斗争的正确方向，为挽救党和革命作出了巨大贡献。中国革命从此也开始了由大革命失败到土地革命战争兴起的历史性转变。

彭德怀严于律己

◎君子矜而不争，群而不党。——《论语·卫灵公》

彭德怀（1898—1974年），湖南湘潭人，中华人民共和国元帅，中国无产阶级革命家、军事家、政治家、中国人民解放军领导人之一。

彭德怀是毛泽东主席亲自授衔的十位元帅之一。在战争年代，毛主席亲切地称他为"彭大将军"。但他历来对自己要求十分严格，时时处处都十分谦虚谨慎。

一次，彭德怀到大连视察。当地的地方领导为了表示对他的敬意，特地设宴招待。彭德怀来到餐厅，看到一个大圆桌上摆着三四十道菜，心中很不高兴，他语重心长地对大家说："我们国家现在还很穷，经济建设需要资金，人民生活还有很多困难，有的老百姓连肚皮都填不饱。我们是共产党的干部、人民共和国军队的领导人，像这样大吃大喝，怎么向人民交待？"

还有一次，彭德怀到某军视察，军领导见首长难得下来，特地吩咐炊事员做了十几道菜，并解释说："这菜都是部队战士生产的，连队也能吃上这些东西。"

彭德怀有些不信，便叫人召集附近连以上干部来到餐厅，他指着桌上的饭菜问："你们连队是不是也吃得这么好？"

连队干部一见这场面，就明白了八九成，只好说实话，同时又解释说："连队吃得没这么好，给首长加几个菜，我们没意见。"

这一解释，把彭德怀激怒了，他向军领导反问道："难道领导就要吃得好，首长就应该加菜？我们共产党的传统，不是首长就要吃好，而且要带头吃苦。你们为什么总是想着领导，为什么不多想想老百姓？"

在场的连以上干部听了这一番话，心里热乎乎的，对彭德怀更加敬重。军领导只好叫炊事员把多加的菜撤了下去。这时，彭德怀看看大家，会心地笑了，并招呼大家入席。

1949年10月1日，乌鲁木齐数万名各族人民涌上街头，欢庆新中国成立。在沸腾的人海中，许多人带着领袖人物的画像，有毛泽东、朱德、周恩来，还有彭德怀的。人们不时地高呼"万岁"、"万岁"的口号，无数群众兴高采烈地一遍遍跟着呼应。

当时，和群众一起欢庆解放的彭德怀看到这番情景眉头不由皱了起来。他想，现在胜利了，更要戒骄戒躁、谦虚谨慎。"万岁"的口号首先应还给人民、还给祖国、还给共产党！胜利是党的胜利，是人民的胜利！

当一排巨幅画像被众人抬着走过来时，他突然迎面走了上去，微笑着说："我这模样长得不好，难为画家了。还是扯下来吧，不要抬着它过市了！"说着，他伸手将画像扯下来，撕了。

在场的人们不明白怎么回事，一下子全都用惊异的目光看着他，有的立时表现出怒气。他知道，有好多群众并不认识他，说不定还以为他是一个混进来的坏分子呢！于是他便高声地对大家说："同志们，同胞们！我就是这画像上的人，我是彭德怀！不要抬我的画像嘛，应举起毛主席和朱总司令的画像，还有我们的红旗！"

1957年10月，湖南省平江县第一中学给彭德怀写了封信。信中内容大意是：他们学校的校址是平江县岳书院，正是当年彭德怀举行平江起义的地方，要请彭德怀抽空为他们写写平江起义的经过和英勇战斗的事迹，作为他们布置平江起义纪念室的资料。

当年在彭德怀身边工作的孟云增看到这封信后，心想：这回可要请彭德怀好好讲讲平江起义的经过了。一天，他见彭德怀把主要文件批阅完后，便拿出这封信，又带上了钢笔和笔记本，来到彭德怀办公室，凑到彭德怀面前说："彭老总，这是平江一中给你的来信。"

彭德怀伸手接过信认真地看起来。看着看着，嘴里自言自语地说："又是要材料，作纪念，我有什么好纪念的！"孟云增见他不想写，便说："彭老总，这可是学校写来的信，它关系到对下一代进行传统教育，应该对他们说一说。"

彭德怀却把脸一沉，严肃地说："有什么好说的？作为我个人有什么值得纪念的？那次起义是党领导的。一个人要是离开了党，就一事无成。要说纪念，那些在战争中英勇牺牲的同志们，才永远值得纪念，永远值得学习！"

孟云增又解释说："你是平江起义的主要组织者和领导者，有责任将起义的事迹告诉他们，教育后人。"

彭德怀这时略微沉思了一会儿，拿出纸笔，给平江一中的同志写了下面的一封回信：

平江第一初中同志：

十月十日来信收到。平江人民是英勇的、光荣的。在第一次国内革命战争失败后和第二次国内革命战争时期，许多同志英勇光荣地牺牲了，他们永远值得我们纪念和学习。我和其他同志于1928年7月在平江起义是中国共产党领导的，是平江人民英勇奋斗直接配合下促成的。我只是六亿人民之一，没有什么值得纪念。祝你们好并致同志敬礼！

彭德怀

1957年10月27日

孟云增没有听到彭老总讲述平江起义的经过，心里不免有些失望，但当他看到彭德怀亲笔写的这封回信时，目光久久地停留在"我只是六亿人民之一"这熟悉的字迹上……

◎故事感悟

彭德怀不仅为中国人民和世界人民的解放事业作出过重大贡献，而且他一生胸怀坦荡、一身正气，在日常生活中也处处严于律己。

◎史海撷英

百团大战

百团大战是中国抗日战争时期，八路军与日军在中国华北地区发生的一次规模最大、持续时间最长的战役。八路军的晋察冀军区、第129、第120师在总部统一指挥下，发动了以破袭正太铁路（石家庄至太原）为重点的战役。战役发起第三天，八路军参战部队已达105个团，故史称此为"百团大战"。

◎文苑拾萃

囚笼政策

抗日战争时期，抗日根据地的发展威胁着敌人的后方。1939年，日军在华北地区大力推行"治安肃正计划"，实施所谓"以铁路为柱、公路为链、碉堡为锁"的"囚笼政策"。尤其在横贯太行山、连接太原至石家庄的正太铁路，日军在沿线的大小城镇、车站、桥梁、隧道附近密布据点，阻断了八路军总部和129师活动的太行抗日根据地之间的联系。八路军总部决定发动交通破击战，1940年8月，正太铁路破击战全面展开。

陈毅律己宽人

◎大德不逾闲，小德出入可也。——《论语·子张》

> 　　陈毅（1901—1972年），名世俊，字仲弘，四川乐至人，中国共产党的优秀党员，久经考验的忠诚的共产主义战士，伟大的无产阶级革命家、政治家、军事家、外交家、诗人，中国人民解放军的创建者和领导者之一，中华人民共和国元帅（十大元帅之一），党和国家的卓越领导人，新中国第一任上海市长。

　　陈毅，四川乐至人，伟大的无产阶级革命家、军事家，曾任中共中央军委副主席、国务院副总理、外交部长等职。

　　1954年，在党的七届四中全会上，揭露了饶漱石的问题，开展了对饶漱石的斗争。当时，党中央决定由邓小平、陈毅、谭震林主持饶漱石问题座谈会。

　　在对饶漱石的斗争中，陈毅充分表现了无产阶级革命家的高尚品质，尤其在对待饶漱石曾经排挤、打击他的问题上，更显出了他的光明磊落和博大胸襟，显示了他严格要求自己的崇高形象。

　　早在1943年，权欲熏心的饶漱石在黄花塘发动突然袭击，斗争陈毅，对陈毅进行了莫须有的诬陷，使陈毅被迫离开了新四军。

　　陈毅到延安后，在党中央和毛主席身边，他更表现出了一个共产党员的鲜明的党性原则。当毛泽东要他不谈黄花塘问题时，他即以大局为重，不计个人利害得失，一句也不说。

　　后来真相大白。饶漱石当时斗争陈毅、赶走陈毅的黄花塘事件，完全是为篡夺新四军领导权而搞的阴谋诡计。但是，陈毅在这个问题上，一方面严格要求自己，更多地让自己和同志从中汲取经验教训；另一方面对自己所受的打击显示出了宽广的胸襟。每次会议在谈到这个问题时，他总是说："在这个问题上，我应该痛切地反省，不能因为饶漱石的阴谋被揭穿了，就把自己的缺点掩盖了。为什么饶漱石能制造出这个事件？为什么有的多年在一起工作的老同志会受饶漱石的利用？我个人也有引以为戒的地方。"

在贯彻七届四中全会的决议，开展对饶漱石的斗争中，陈毅从不认为自己一贯正确，总是多讲自己的弱点和缺点，从不因为受过饶漱石的打击和排挤而为自己出气，而是从中认真汲取应有的教训。他总是说："我对饶漱石也不是一下子就清楚了的。"

陈毅就是以如此宽大的胸怀，以严于律己的模范行动，引导大家正确对待党内斗争，开展批评与自我批评，从而增强党性、增强党的团结。

新中国成立后，陈毅的父母回四川老家安家时，他因工作忙不能亲自去送，他对组织上派去陪送的同志提出"约法三章"：

一、把两位老人直接送到妹妹家，不要惊动省委；

二、找普通民房住，不得向机关要房子；

三、安家事宜自己解决。

遵照陈毅的意见，陪同的同志帮陈毅的父母租了三间普通民房，亲属们帮助清扫了一下，就把老人安置下了。

陈毅在上海任市长时，他的小妹重坤想报考工农速成学校。但因她文化底子差，想让陈毅写个条子，跟有关方面打个招呼。小妹三番五次地请求，他就是不写。他耐心地对妹妹说："速成学校是为解放区的干部办的，他们有功劳，但缺少文化，如今是为了工作才读书。你没有功劳，没有资格去，你还是去参加招工考试吧！"

小妹愉快地接受了他的意见，第二天便跑到上海制造局路考点报考，结果被上海卫生人员培训班录取。一年后，小妹当上了"白衣战士"。

　　两年以后，军政大学在上海招生，重坤对大学生非常羡慕，再次要二哥帮忙写张条子，让她去试试，陈毅还是严肃地说："我没有这个权利，这个条子我不写。你要读书，我同意，你可以上夜校嘛！"

　　重坤只好听从二哥的话上了夜校。

◎故事感悟

　　陈毅不仅在政治上胸怀坦荡、严于律己，在生活中也克己奉公，处处严格要求自己，从不利用手中的职权假公济私。

◎史海撷英

陈毅不卑不亢

　　1963年12月的一天，陈毅应邀参加肯尼亚的独立大典。晚上在肯尼亚举行的国家舞会上，中国代表团和美国代表团的位置刚好排在一起。在中美关系长期僵持的时期，这无疑是个极其微妙的局面。陈毅既没有主动凑过去套近乎，也没有气哼哼掉头而去，而是坐下并喝起咖啡来。当时，美国代表团成员有三个人：部长夫妇和美国劳联副主席，那位部长夫人首先向旁边搭话："你们是中国代表团吗？""是的。""我是否可以与您谈谈天？""可以。怎么不能谈？"双方就开始聊了起来。那位部长一看夫人已开了头，便也过来，要与陈毅部长干杯，但却又故作姿态地说："过去米高扬访问美国，到我家做客，与我夫人谈了一天。我为此受到了腊斯克国务卿的责备，希望我们这次干杯不要引起麻烦。"

　　听了此话，陈毅不是破口大骂，猛烈抨击，而是不软不硬地回了句："你怕麻烦，可以不跟我干杯。我也就不会有什么麻烦了。"

　　那位部长又匆匆说："我是提建议，为中美两国有一天能够改善关系干杯！"

　　听了此话，陈毅也端起酒杯说："我希望，我相信，中美两国的关系总有一天能够前进一步的，但条件是美国的国务院要取消对中国的敌视侵略政策，只有这样才有可能。"

◎文苑拾萃

解放勋章

解放勋章是中华人民共和国授予中国人民解放军在中国人民革命战争时期有功人员的荣誉证章。解放勋章的中心图案是红星和天安门，象征中国共产党领导人民武装夺取全国胜利。

授予在解放战争时期（1945 年 9 月 3 日—1950 年 6 月 30 日）参加革命战争有功而无重大过失的人员。其中，一级解放勋章授予当时的军级以上及其相当干部；二级解放勋章授予当时的师级及其相当干部；三级解放勋章授予当时的团级、营级及其相当干部。解放战争时期直接领导国民党军队起义的人员（含 1950 年 6 月 30 日以后直接领导起义的），根据其功绩大小，分别授予解放勋章。

许建国严教侄子

◎非礼之礼，非义之义，大人弗为。——《孟子·离娄下》

许建国（1903—1977年）原名杜理卿，湖北黄陂人，许建国青年时期先后三次参加安源煤矿大罢工，1922年春加入中国社会主义青年团，同年转为中共党员。曾任湘潭县工会纠察部部长，中共湖南省委军事部干事，中国工农红军第三军团团参谋长、军团政治保卫局侦察部部长；1934年参加长征，任第八军团政治保卫局局长；1938年后，任中共中央社会部保卫部部长、中共晋察冀中央分局社会部部长、晋察冀边区政府公安处处长；新中国成立后，历任天津市公安局局长，中共天津市委书记，华东行政委员会公安部部长，公安部副部长，上海市副市长兼公安局局长，中共上海市委书记处书记，驻罗马尼亚、阿尔巴尼亚大使。

许建国在上海担任市委书记时，曾兼任上海市公安局长。他执法严明，从不姑息任何人。

他有个侄子，有段时间不务正业，经常与社会上一些不三不四的人鬼混，做了不少坏事。他自恃叔叔是公安局长，以为公安部门没人敢管他。民警管教他，他根本不听。许建国知道后十分恼火，立即把他找来，狠狠地训斥了他一顿，告诉他马上到派出所去主动交待问题。随后，他亲自打电话给派出所所长说："我们是执法者，必须带头守法，如果执法违法，又怎么能取信于民呢？正因为他是我的侄子，就更要从严处理。"

在许建国的坚持下，公安局把他的侄子送进了管教所。有些亲属因此对许建国很不满意，认为只要他说句话，孩子就没事了。事后许建国又找孩子们谈话，他说："不要以为我是市委书记、公安局长，你们就可以高人一等。

你们也是社会普通一员，并没有什么特殊的地方。"

　　1958年，许建国的大儿子准备考大学，秘书起草了一封要求组织照顾的信。许建国知道后立刻加以制止，并且批评说："这样不好，考大学要凭本事，考上就考，考不上就去做工嘛！"后来，他的大儿子果然是凭着自己的本事考上了大学。几年后，大儿子从北京航空学院毕业。当时，许建国已经出国任大使。他的女儿和小儿子希望哥哥能留在北京照顾弟妹，联合给父亲写信，要求他向有关方面打个招呼，在分配时给些照顾。谁知，许建国回信严厉地批评了他们，教育子女当个人和国家利益发生冲突的时候，一定要以大局为重。结果，他的大儿子服从统一分配，高高兴兴地离开北京去外地工作了。

　　许建国还十分注意对孩子们进行艰苦朴素的教育。有一次，全家吃早饭时，不满10岁的小儿子把一大截红薯扔掉了。许建国看了十分心疼地说："你们不要因为今天有吃有喝就大手大脚，我们长征过草地时连皮带都吃光了。为了坚持战斗，我们把前面走过同志粪便里没有消化的青稞都一粒一粒地拣了出来，洗一洗再充饥。现在连红薯都咽不下去吗？你们要珍惜别人的劳动成果，要养成艰苦朴素的劳动习惯。"小儿子听了，红着脸把扔在地上的红薯拾了起来。

　　许建国在国外工作了8年，从来没有买过什么贵重的物品。有一次，孩子要他从国外买手表，他指着自己手上戴的上海表语重心长地说："你们不知道，在国外我为能戴上一块国产手表有多么自豪，我经常把它出示给外国朋友看。你们不要看不起我们自己国家的东西。再说，当前国家外汇紧张，要把外汇用到国家最需要的地方去。"

　　在许建国的教育和影响下，他的孩子们都衣食俭朴，对自己要求严格，并成为了国家有用的人才。

◎故事感悟

　　干部严于律己，又从严教育约束家人，既教育了下一代，又杜绝了从上往下的腐败。

◎史海撷英

长 征

长征是中国工农红军主力从长江以南各革命根据地向陕甘革命根据地会合的战略转移。1934年10月，中央红军主力离开中央革命根据地开始长征。同年11月和次年4月，在鄂豫皖革命根据地的红二十五军和川陕革命根据地的红四方面军分别离开原有根据地开始长征。1935年11月，在湘鄂西革命根据地的红二、六军团也离开根据地开始长征。1936年6月，第二、六军团组成第二方面军。同年10月，红军第一、二、四方面军在甘肃会宁胜利会合，结束了长征。其中红一方面军长征历时一年，转战11个省，最远行程约二万五千里。长征的胜利，表明中国共产党领导下的中国工农红军是一支不可战胜的力量。

◎文苑拾萃

长征精神

所谓长证精神，就是乐于吃苦，不惧艰难的革命乐观主义；勇于战斗，无坚不摧的革命英雄主义；重于求实，独立自主的创新胆略；善于团结，顾全大局的集体主义。其主题是"一不怕苦，二不怕死"；其最显著的特点就是革命英雄主义精神。长证精神，是中华民族百折不挠、自强不息的民族精神的最高表现，也是保证我们革命和建设事业从弱小走向强大的精神力量。

鲍江兮 "宁让权作废，不让权滥用"

◎劳苦之事必争先，饶乐之事则能让。——《荀子·修身》

> 鲍江兮（1931—1991年），江苏省常州市人，1982年加入中国共产党。鲍江兮 1953年参加工作。历任凤城县（现凤城市）银行职员、副股长、股长、副行长和行长； 1989年被中国人民银行、中国农业银行等单位授予全国金融系统劳动模范、模范行长 等荣誉称号；1991年3月21日，因病倒在工作岗位上，逝世后，被中组部授予"人民 好干部"称号。

鲍江兮，中国农业银行凤城满族自治区支行行长、党委书记，全国金融 系统劳动模范。

与"有权不用，过期作废"的言词针锋相对，鲍江兮有着自己的信条： "宁让权作废，不让权滥用。"他担任银行领导以来，从未批过一笔人情贷款。

1985年，鲍江兮的一位至亲从外地来找他，借款数万元做买卖，这件事 鲍江兮可真为难了。这位至亲曾对老鲍及其家人有过很多帮助。按鲍江兮的 为人之道，滴水之恩当涌泉相报。但以党权报私恩，非理也。鲍江兮好言相 述，好酒相待，但款还是不能贷。

从1956年起，鲍江兮一家就住在凤城镇翰墨里胡同一座连厨房在内21平 米的房子里。多年来四世同堂，老少五六口人挤在一起。房子外高里低，伏 天地上渗水，寒冬墙上挂霜，暴雨天大水曾几次冲进屋内没了炕。

1981年，行里买了一批住房，想给他调换一下，可他想到自己是副行长， 让了。这是第一次。

1983年，县农行盖了一幢宿舍楼。职工、邻居都说："老鲍家可要熬出头了。"家里人几次悄悄去"欣赏"新房。可到分房时，看到一部分同志困难仍不能解决，鲍江兮再次打消了要房的念头，明确表态"这次新楼坚决不要，再等下班车"。全家人想不通，他就耐心地解释。妻子、母亲的工作一一做通了，当行领导来征求意见时，母亲慨然地说："就按江兮意见办吧！他是党员、是领导，不能只想自己，让大家戳脊梁骨。"这是第二次。

1986年，省农行特批三万元为鲍江兮在镇上买了一套商品房。这时恰好县行又在建一幢家属楼，鲍江兮将买妥的商品房退掉，把这笔钱投入盖家属楼。这是第三次。

鲍江兮就是这样一次一次地让着，一直等到末班车。1988年，县行宿舍楼竣工，全行所有的无房户都解决了，他才结束了在21平方米的小房中居住了32年的历史。

"花公家钱仔细些，花自己钱大方些。"这是鲍江兮办公桌玻璃板下的字条。

在鲍江兮看来，我们干工作，党已给了报酬，怎么还能拿不属于自己的票子呢？因此，他不仅不取不义之财，就是一些规定中可取之财也没有装入个人腰包。

1988年，县农行完成承包任务，丹东市行和凤城县政府分别奖励1000元和450元，都被他充入行长福利基金。他认为，成绩的取得是全县行"八百壮士"的努力，账记在集体名分上合情合理。

稿酬是个人的心血费，鲍江兮却大多用于公事。三八节，他拿出200元给了县行机关的"半边天"。

鲍江兮曾说："儿女的路应该由他们自己闯，不能靠沾父母的光过日子。"他的行动也兑现了这句话。

儿子插队4年，凭自己努力考上技校，毕业后分配在离家200里远的山沟里，当了汽车修理工，娶妻安家。祖母不忍心让孙子远离家乡，偏居山沟。1985年，县行一位领导体谅老人心意，亲自出面联系，拟采取串调方式，将他们夫妇安排在兄弟银行。当一切手续办妥后，才通知了鲍江兮。但鲍江兮为了避免给工作造成不良影响，退回了那个过五关、斩六将才办全的调动手续。儿子儿媳至今仍然留在山沟里。

长女新时得了心脏病；下乡整整7年，最后一批回城；先做临时工，砸石头子儿，1976年才到县自来水公司当了一名大集体工人。鲍江兮任行领导后，工友们撺掇把新时调到银行里工作。新时深知爸爸的为人，也体谅爸爸的难处，不企求去坐农行那把椅子，但因体弱多病，曾多次求爸爸帮助调换个稍轻松的工作。为这事母亲和妻子也多次苦求过鲍江兮，老友也曾热心相劝，鲍江兮也思前想后，但他依然恪守了"宁让权作废，不让权滥用"的信条，直到女儿病逝，也没有答应她的请求。

有人说鲍江兮克己舍家，甚至近乎不通情理，但他想的是："等到哪一天去向马克思报到的时候，扪心自问，一生无愧于党。"

◎故事感悟

鲍江兮一生严于律己、清正廉洁，以一个共产党员的高度责任感发誓要"为党添彩，不为党抹黑"。为了履行对党的誓言，他牺牲了个人利益，维护了共产党员的光荣称号。

◎史海撷英

凤城市一览

凤城市地处辽宁省东南部，丹东市中部。战国至秦时属辽东郡地。两汉西晋时置武次县。隋朝时为乌骨城。唐朝时属安东都护府。宋朝时属东京路（辽阳）来远州。元朝时属辽阳路。明朝成化十七年（1481年）筑城于凤凰山北，称凤凰城堡，隶属辽东都指挥使司，清朝时属凤凰直隶厅，民国二年（1913年）改为凤凰县，后因与湖南省凤凰县重名，于1914年更名为凤城县。现为凤城市，隶属丹东市。

现在的凤城市东临宽甸满族自治县，西界岫岩满族自治县，南临东沟市，北

靠本溪满族自治县,东南接丹东市区,西北连辽阳市。面积5513平方公里。人口60万。民族有汉、满、蒙古、朝鲜、回、锡伯等。境由多山,属长白山脉。

城南4公里是凤凰山,为辽宁省著名的游览胜地。

◎文苑拾萃

凤城市凤凰山

凤凰山位于辽宁省凤城东南3公里处,属长白山余脉,面积120多平方千米,主峰攒云峰海拔840米,现已列为国家级风景区。凤凰山素以险中含奇、秀里藏幽著称,与千山、医巫闾山、药山合称为辽宁"四大名山"。

第五篇

心存他人，吃亏是福

"瘦羊博士" 甄宇

◎坦然不以物伤性，将何适而非快。——宋·苏辙

甄宇（生卒年不详），字长文，汉代北海安丘（今安丘西南）人。初以《春秋》教授学生。东汉初年，拜为博士，又迁太子少傅，卒于官。

东汉年间有个叫甄宇的人，祖居安丘县，在京城洛阳的太学里担任教学博士。

甄宇为人憨厚，谦恭礼让，受到人们的称赞和尊敬。

一年的年底，皇帝派人来到太学，向大家宣读诏书。诏书的内容大意是：你们大家都很辛苦，现在赐给博士们每人一只羊，带回家去，欢欢乐乐地过一个年吧！接着就赶来了一群羊。

博士们见到羊，个个都非常高兴。可是，羊只大小不等，肥瘦也不一样，这下可使太学的长官犯愁了：用什么办法来分发这些羊呢？想来想去，也不知如何是好。于是，他把博士们都召集起来，让大家一起商量。

博士们看到这种情形，便纷纷想办法、出主意。有人主张把羊统统杀掉，把肉平均搭配每人一份；有人主张用投钩的办法，即抓阄的方法，把大小肥瘦的羊编上号，就凭个人运气来撞。大家七嘴八舌，嚷嚷了半天，也没有人拿出一个好办法。

这时，站在一边没吱声的甄宇忽然向大家说："大家不必争吵了，我看还是大家各牵走一头吧，我先牵一头去。"说着，他走向了羊群。

听他这么一说，大家都用好奇而又怀疑的目光注视着甄宇。只见甄宇走到羊群中，挑了一只最小、最瘦的羊牵了出来。人们看到这种情形，谁也不再争执了，纷纷你谦我让，争着挑小的、瘦的，各自牵上一只羊，高高兴兴地回家了。

这件事很快传开了，大家纷纷赞扬甄宇，还给他取了个带有善意的别号，叫他"瘦羊博士"。

◎故事感悟

礼让他人，吃亏是福。自己做出了表率，别人便会效仿，社会也会变得和谐稳定了。

◎史海撷英

王莽改制

王莽改制是新朝皇帝王莽为缓和西汉末年日益加剧的社会矛盾而采取的一系列新的措施，包括土地改革、币制改革、商业改革和官名县名改革。但王莽的改制不仅未能挽救西汉末年的社会危机，反而使各种矛盾进一步激化，终于导致了赤眉绿林为主的农民大起义，新朝遂告灭亡。

◎文苑拾萃

《说文解字》

《说文解字》是东汉许慎所作中国最早的一部解释字形的字典。根据文字的形体，创立540个部首，将9353字分别归入540部。540部又据形系联归并为14大类。字典正文就按这14大类分为14篇，卷末叙目别为一篇，全书共有15篇。《说文解字》共15卷，其中包括序目一卷。许慎在《说文解字》中系统地阐述了汉字的造字规律——六书。

《说文解字》的体例是先列出小篆，如果古文和籀文不同，则在后面列出。

然后解释这个字的本义，再解释字形与字义或字音之间的关系。《说文解字》中的部首排列是按照形体相似或者意义相近的原则排列的。

《说文解字》开创了部首检字的先河，后世的字典大多采用这个方式。段玉裁称这部书"此前古未有之书，许君之所独创"。

历代学者对《说文解字》都有许多研究，清朝时研究最为兴盛。段玉裁的《说文解字注》、朱骏声的《说文通训定声》、桂馥的《说文解字义证》、王筠的《说文释例》、《说文句读》尤备推崇，四人也获尊称为"说文四大家"。

《说文解字》在造字法上提出了"象形"、"指事"、"会意"、"形声"、"转注"、"假借"的谓"六书"学说，并在《说文解字·叙》里对"六书"做了全面、权威性的解释。从此，"六书"便发展成为专门之学。

詹天佑买马车

◎困，德之辨也。——《易经·系辞下》

> 詹天佑（1861—1919年），字眷诚，号达朝，广东南海人，居住在湖南省，原籍安徽婺源（今属江西）。他是中国首位杰出的爱国铁路工程师，负责修建了京张铁路（北京—张家口）等铁路工程，有"中国铁路之父"、"中国近代工程之父"之称。

詹天佑一心想着发展中国的铁路事业，从不考虑个人的享受。他还常教育青年要克己奉公、诚恳待人，不要沽名钓誉。

1914年，詹天佑被提升为粤汉铁路督办。按他的官职，也考虑到他工作的需要，政府准备给他购买一辆汽车。可他为了节约工程经费，以便把钱用到铁路建设上去，坚决不同意为他买汽车，而是用自己的钱买了一辆马车。此后他每天坐着马车沿着铁路线风尘仆仆地往来奔走。

有人说："督办坐马车，太不气派了！"

詹天佑却笑着说："什么气派不气派！要气派，我连马车也不坐了，干脆买一辆自行车骑骑，又方便又自由，又锻炼身体！"

詹天佑有五个儿子，都是学铁路工程的。他的二儿子文琮从美国耶鲁大学留学回国后，立即参加了修建奥汉铁路的工作。主管人员按照规定，将文琮的月薪定为100元，可是詹天佑不同意，只许定70元。大家觉得这样很不公平。詹天佑向大家解释说："就算不公平吧，这也不是让文琮多拿钱的不公平。我自己的儿子宁可少拿一点，这样，我说话办事才能让人家信服！"

有一次，詹天佑听说自己一个在铁路上做事的侄儿占用了公款，非常生

气。可偏偏又有人看在他的面子上，想把事情压下来，詹天佑更加怒不可遏，立刻派人拿着自己的名片去找主办的官员，一定要公事公办，不许徇私枉法。结果，这个侄儿被关押了几个月，直到把亏空的公款全部还上，才被释放。

◎故事感悟

　　詹天佑不但以身作则，还对自己的家人严格要求，在他身上我们看到了律己律人的优良品质。

◎史海撷英

京张铁路

　　1905年，清政府决定兴建我国第一条铁路京张铁路（北京—张家口）。詹天佑担任总办兼总工程师，全权负责京张铁路的修筑。在当时，这条铁路连许多国外著名的工程师都不敢轻易尝试，更何况中国人。詹天佑顶着压力，坚持不任用一个外国工程师，对全线工程提出了"花钱少，质量好，完工快"三项要求。京张铁路经过工人们几年奋斗，终于在1909年10月全线通车。原计划6年完成，结果只用了4年就提前完工，工程费用也只及外国人估价的1/5。

◎文苑拾萃

八达岭隧道

　　八达岭隧道是中国自行修建的第一条单线越岭铁路隧道。位于北京市延庆县，京包铁路北京至张家口段（原京张铁路）的青龙桥车站附近。1907—1908年，八达岭隧道由土木工程师詹天佑亲自规划督造。隧道从长城之下穿越燕山山脉八达岭，进口端隧道外线路坡度为32.3‰，隧道内线路最大坡度为21.5‰。隧道穿过的岩层主要是较坚硬的片麻岩，另外还有部分角闪岩、页岩和砂岩等，风化呈破碎和泥质状态。为增加工作面，在隧道中部开凿了一座深约25米的竖井，井上建有通风楼，供行车时排烟和通风用。隧道衬砌的拱圈采用预制混凝土砖砌筑，边墙用混凝土就地灌注，隧道底部用厚约100毫米的石灰三合土铺筑。隧道全长1091米。

马祖光甘当人梯

◎无为其所不为，无欲其所不欲，如此而已矣。——《孟子·尽心上》

> 马祖光（1928—2003年），1946年至1950年在青岛山东大学物理系学习；1950年9月到哈工大工作，同时在研究生班学习。在学习期间，他被抽调到物理教研室任副主任。1958年8月至1970年，他创办了核物理专业，任主任。1970年，他创办了哈工大光电子技术专业（原激光专业）。1979年8月至1981年11月，他出国访问。他回国后，任光电子教研室主任，同时担任哈工大光电子技术研究所所长。1994年，他创建了国家级重点实验室（可调谐激光技术重点实验室），任主任。1996年，他任哈工大光电子研究所名誉所长。2001年他被评为中国科学院院士。从1982年开始他分别担任《光学学报》编委、《光谱学与光谱分析》常务编委、《量子电子学》编委和黑龙江省光学学会理事长。2003年7月15日马祖光因病逝世于北京，享年75岁。

马祖光是一位著名科学家，哈尔滨工业大学教授。在激光领域里，马祖光以自己的智慧和勤奋，取得了令人瞩目的成就。在培养年轻科技工作者的过程中，他谦恭礼让、甘为人梯的作风也赢得了人们的尊敬。

"文化大革命"中，马祖光因受到极"左"路线的迫害而被关进了"牛棚"。1970年，他刚从"牛棚"被放出来就着手创办学校的激光专业。那时环境还十分艰难，他一面忍受着"造反派"的迫害，一面还承受着病痛的折磨，把能归自己支配的时间全部投入到图书馆。凭着精通的英、俄两国语言，他埋头翻阅文献、查抄资料，积累了厚厚的几十本资料。

"文化大革命"结束后，我国的科技领域终于迎来了春天。许多教师和研究生纷纷向他请教，有的还索要资料。马祖光心里感到非常高兴，每次都会毫不保留地拿出全部资料，供大家研究参考。大家对他这种和盘端出自己多年积累资料的行动都非常感动。而马祖光却说："那是我的心血，但不是我的私人财富。在科学的道路上需要人梯精神。"

当时哈工大激光教研室研究的课题大都是马祖光在原联邦德国工作的继续。室内的教师和研究生都是根据他提出的研究方向选定课题，并在他的定期检查、亲自指导下工作。四年中，他发表近20篇论文。按理说，这些论文都是以他为主取得的成果，因此每篇论文署名时别人总把马祖光排在第一位，但马祖光立即会将自己的名字勾到最后一位。这样改过来、勾过去，反复多次。最后经马祖光把关发稿时，马祖光仍是排在最后。

《紫外激光激励钠二聚物的2.50—2.56微米激光》一文，就是根据马祖光的理论首先发现的，属于世界前沿的重大成果。马祖光决定让讲师刘国立到全国激光研究会上去宣读论文。刘国立到会后，接到后寄来的论文稿，才知道马祖光把原先定好的署名顺序改了，刘国立排在了第一位，马祖光仍然在最后。刘国立只得在会上更正。回到哈尔滨，刘国立埋怨马祖光说："你怎么不尊重大家的意见呢？"马祖光笑了笑，十分恳切地说："你们做了大量工作，成果应该是你们的。"

有人不解地问马祖光："你在国外把名看得那么重，在国内却看得这么轻，为什么呢？"

"在国外，我是要争，因为我争的是国名；在国内，我是要让，因为我让的是个人名。"

大家看到马祖光总是把自己积累的资料和研究的成果送给了别人时，有人说他是"太软"，有点"傻"。马祖光却风趣地说："楚人失马，楚人得之，都在中国，还不能算失。"渐渐地，大家对马祖光坦荡的心胸及甘当人梯的精神都十分敬佩。

◎故事感悟

　　知识分子为我国的改革开放发展作出了卓著的贡献，像马祖光同志这样甘为人梯、为国家的科技进步铺路搭桥者还大有人在，值得新一代的科学工作者好好学习。

◎史海撷英

"863"计划

　　1986年3月，王大珩、王淦昌、杨嘉墀、陈芳允四位老科学家给中共中央写信，提出要跟上世界先进水平，发展我国高技术的建议。这封信得到了邓小平同志的高度重视，小平同志亲自批示：此事宜速决断，不可拖延。经过广泛、全面和极为严格的科学和技术论证后，中共中央、国务院批准了《高技术研究发展计划（863计划）纲要》。从此，中国的高技术研究发展进入了一个新阶段。25年来，在党中央和国务院的正确领导下，在有关部门的大力支持下，经过广大科技人员的奋力攻关，863计划取得了重大进展，为我国高技术发展、经济建设和国家安全作出了重要贡献。

　　863计划是在世界高技术蓬勃发展、国际竞争日趋激烈的关键时期，我国政府组织实施的一项对国家长远发展具有重要战略意义的国家高技术研究发展计划，在我国科技事业发展中占有极其重要的位置，肩负着发展高科技、实现产业化的重要历史使命。根据中共中央《高技术研究发展计划（863计划）纲要》精神，863计划从世界高技术发展的趋势和中国的需要与实际可能出发，坚持"有限目标，突出重点"的方针，选择了生物技术、航天技术、信息技术、激光技术、自动化技术、能源技术和新材料七个高技术领域作为我国高技术研究发展的重点（1996年增加了海洋技术领域）。其总体目标是：集中少部分精干力量，在所选的高技术领域，瞄准世界前沿，缩小与发达国家的差距，带动相关领域科学技术进步，造就一批新一代高水平技术人才，为未来形成高技术产业准备条件，为20世纪末特别是21世纪初我国经济和社会向更高水平发展和国防安全创造条件。为此，国家每年都要为863计划投入千亿人民币以上的巨资。

◎文苑拾萃

光之歌

——纪念敬爱的马祖光院士

集体创作

你是光，你的名字就是一片光。

给予事业，给予艰难温暖寒窗。

你是光，你的生命就是一片光，不会熄灭，不会索取，永远善良！

我们怀念你，马祖光。

你的天空有光的赤诚。

我们赞美你，马祖光，你的心底有光的能量。

你的沥血是光的绚丽！

你是光，你的理想就是一片光。

追求探索，追求创新，追求梦想。

你是光，你的执著就是一片光。报效祖国，报效人民，点燃希望。

我们怀念你，马祖光。你的天空有光的赤诚。

我们赞美你，马祖光，你的心底有光的能量。

你的沥血是光的绚丽！

我们怀念你，马祖光。你的天空有光的赤诚。

我们赞美你，马祖光，你的心底有光的能量。

你的火焰是光一样辉煌！

李志军的"约法三章"

◎好善无厌，受谏而能诫。——《荀子·修身》

李志军（1956—　　），北京市人，1974年12月应征入伍，1976年9月加入中国共产党。李志军曾任战士、班长、排长等职，中校军衔；现任北京军区政治部第一干休所卫生所副主任医师；2008年11月当选中国残疾人联合会第五届主席团副主席。

李志军，1981年任中国人民解放军某部排长，因在一次排险中负伤，双目失明。但这位年轻的共产党员没有因此而消沉、退缩。他凭着一颗赤诚的心，坚持自学成才，在人生的道路上留下了一串串闪光的足迹。

李志军在负伤失明之后，部队安排他回地方休养。对他来说，本可以心安理得地依靠国家供养生活，然而他却并没这样做，而是凭着坚强的决心和毅力，历尽艰辛地到处拜师学艺，最终在医道上功成名就，掌握了一套为人治病的本领。而这时的李志军，本可以在家坐等患者登门求医，但他又毅然回到部队，带着他的医术，也带着他的理想，重新走上了为人民服务的更广阔的天地。

自1981年负伤后的10余年间，李志军始终遵守着自己制定的"约法三章"："一不要给部队添麻烦，二不要向父母伸手，三不要委屈孩子。"

一次，李志军把妻子叫到跟前，一番话道出了自己的心声和胸怀："现在，我原先的部队正在老山前线打仗，我是个军人，却不能拿枪上前线。如果再提这提那，我怎么配穿这身军装！"

"爸爸妈妈生我养我，我又为他们做过什么？知道我负伤失明，爸爸的一

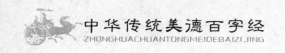
只耳朵一下子就聋了，妈妈从此落下了高血压病。要是让他们知道我们老犯愁，他们的晚年能过得安稳吗？"

"还有亮亮。他刚会走，你就教他怎么给我这个爸爸带路。将来，他比别人负担重，我们不能再对不起他！"

"我欠的债太多了——部队的、父母的、你和亮亮的，这辈子努力还吧。"

李志军的话真挚、深沉，李志军的行动更坚定认真。他是因公致残，医疗费本来可以由国家负担。可他一连6次去各地求医，只让报销了一次路费，自己却掏了3300多元。为学成一技之长，买书、买学习用品花了3000多元，他从未向部队提过。他的父母是离休干部，非常关心李志军的生活，愿意帮助他们，可李志军却从不让老人知道自己的难处。

1987年，李志军和几十个盲残战友一起在京华医科大学学习，住的是半地下室，缺少阳光，下水管道还时常堵塞，臭水溢流屋内。有位记者采访时，见此情况非常生气，便拍了照片登在报纸上，说明词的标题是：《共和国请不要忘记他们》。李志军很感谢这位记者的好意，但他对同学们说："共和国没有忘记我们。我们这个班是国家支持办的；我们的学费是国家掏的。要我说，我们也不能忘记共和国。国家这么大，又不富裕，总会有事办得不周全。我们要理解国家，理解社会，理解生活！"后来，又有一篇报道说李志军是自费上学，他一有机会就出来更正。他不允许共和国给予他的爱有一丁点儿被人遗忘！

◎故事感悟

为了祖国和人民，李志军身负重伤，而在人生的道路上，虽然他眼睛看不见了，但他的心比什么都明亮。他是人民的好儿子，共和国永远不会忘记他！

◎史海撷英

中国残疾人联合会

中国残疾人联合会是由中国各类残疾人代表和残疾人工作者组成的全国性残

疾人事业团体，简称中国残联。1988年3月11日在北京正式成立。它是在中国盲人聋哑人协会（1953年成立）和中国残疾人福利基金会（1984年成立）的基础上组建而成的。

中国残联实行全国代表大会制度，设有主席团、执行理事会、评议委员会等机构。代表大会和主席团是中国残联的决策和权力机构；执行理事会是常设执行机构，代表联合会负责日常工作；评议委员会是监督、咨询机构。中国残联分设中国盲人协会、中国聋人协会、中国肢残人协会和中国智残人、精神病残疾人亲友会等残疾人专门协会。省（自治区、直辖市）、市（自治州）、县（区）成立的各级残疾人联合会是中国残联的地方组织，受同级政府领导、民政部门代管、上级残联指导。街道、乡镇及残疾人比较集中的企业、事业单位建立的残疾人基层群众组织，受当地残联的业务指导。

◎文苑拾萃

十大杰出青年

"十大杰出青年"评选活动的宗旨是：发现青年人才，树立时代楷模，宣传"杰青"精神。它成功揭示了当代青年的成长成才轨迹，充分展示了杰出青年们在为全民族共同理想努力奋斗的过程中实现个人价值的奋斗历程。"十杰"青年具有鲜明时代特征的丰满形象和艰苦创业、追求卓越的成长经历，极大地激励了广大青少年脚踏实地、锐意创新、立志成才、开拓进取的热忱。

"十大杰出青年"通过表彰、宣传在改革开放和社会主义现代化建设中作出突出业绩和重大贡献的杰出青年典型，为当代青年树立光辉榜样，激励广大青年发愤学习，勤奋工作，艰苦创业，奋发成才，并在全社会进一步优化青年成长成才环境，为培养更多新世纪发展和祖国现代化建设需要的青年人才作出积极贡献。

史来贺带头吃亏

◎天见其明，地见其光，君子贵其全也。——《荀子·劝学》

> 史来贺（1930—2003年），河南省新乡市刘庄村原党委书记，全国著名劳动模范。20世纪50年代，史来贺的名字就响遍全国。他以共产党人的奉献精神与满腔热情帮助群众树立起战胜贫困的信心，使穷了几辈子的乡亲坚信：跟着共产党走，坚持走社会主义道路，就有奔头！
>
> 他还潜心研究棉花种植经验，使皮棉平均亩产量达到当时全国平均产量的3倍，刘庄也因此一跃成为全国的先进典型。

史来贺是河南省新乡县七里营乡刘庄党总支书记。他4次被评为全国劳动模范，9次见到了毛泽东主席，14次进京观礼，多次受到周恩来、刘少奇、朱德、陈云、邓小平等老一辈无产阶级革命家的接见。在他的带领下，刘庄也成为闻名全国的社会主义新农村的典型。

1990年初，中共中央组织部将史来贺的名字与雷锋、焦裕禄、王进喜、钱学森列在一起，他被誉为新中国成立后在群众中享有崇高威望的共产党员的优秀代表。

史来贺常说："当干部是为群众谋利益的，不光要劳动带头，吃亏也要带头。"40年，他一直把这句话作为自己的座右铭。

筑黄河堤，史来贺带领民工吃住在工地，一干就是3个月，回来瘦了10斤；堵河口，他带头跳进刺骨的冰水中……

1963年8月，史来贺父亲病故。当时正遇上一场暴雨，庄稼泡在2尺多深的水里。他推迟了父亲的安葬日期，扛起了铁锹，带领社员下地排水，直到排完积水才办丧事。

实干，他带头；吃亏，他也带头。刘庄每年收入几千万元，可史来贺仍然处处打紧开支。药厂扩建时，提取车间需要增加24个提取罐，派人去购买，一个就要38万元。史来贺嫌太贵，决定由本村机械厂加工制造，只用了15万元，一次就为集体节省了好几百万元。

他到外地参加一个会议，会上发了件上百元的纪念品，并开出发票回单位报销。老史觉得这是损公肥私，当场退回了纪念品。

史来贺当干部以后，前13年一直是按群众平均水平拿工分。上级规定给党支部书记和干部的补贴工分，他一分也不要。1965年，他开始拿国家干部的工资。当群众平均收入比他低时，他又把工资全部交到队里，按劳力平均水平参加集体分配。近几年，群众的分配水平超过他的工资收入，他却只拿自己的工资，从来不要村里的任何补贴。村里免费发的十几种福利，别人都有，唯独他一样也不要。

史来贺对"吃亏"问题有自己的看法。他说："当干部要有不怕吃亏的精神，才能干好。但是总的来说，当干部又没吃亏。你想，你带领全村人共同富裕，当大家都富裕了，干部不也就富裕起来了吗？"

◎故事感悟

"先天下之忧而忧，后天下之乐而乐。"这是共产党员应有的高贵品质，史来贺就是有这样品质的一个人。

◎史海撷英

遇事要有主心骨

史来贺领导的刘庄，从新中国成立后一直到21世纪初，其间也经历了风风雨雨。但不论是在何种情况下，史来贺都认准了一条："社会主义的本质是让老百姓走上共同富裕的道路。千变万变，发展经济，让老百姓过上好日子这一条啥时候也不能变。"有人说，史来贺"50年红旗不倒"，这是一个"谜"。实际上，史来贺在多种场合都"道破了天机"："遇事要有主心骨，不能听风就是雨。只有实事求是，从自己的实际出发，才能收到好的效果。"因为有此"主心骨"，所以，在历次运动和农村的变革中，刘庄既不"跟风"，也不"刮风"，一直以经济建设为中心，咬定发展不放松。

◎文苑拾萃

100位新中国成立以来感动中国人物名单（按姓氏笔画排序）

丁晓兵、马万水、马永顺、马恒昌、马海德、中国女排五连冠群体、孔祥瑞、孔繁森、文花枝、方永刚、方红霄、毛岸英、王杰、王选、王瑛、王乐义、王有德、王启民、王进喜、王顺友、邓平寿、邓建军、邓稼先、丛飞、包起帆、史光柱、史来贺、叶欣、甘远志、申纪兰、白芳礼、任长霞、刘文学、刘英俊、华罗庚、向秀丽、廷·巴特尔、许振超、达吾提·阿西木、邢燕子、吴大观、吴仁宝、吴天祥、吴金印、吴登云、宋鱼水、张华、张云泉、张秉贵、张海迪、时传祥、李四光、李春燕、李桂林和陆建芬夫妇、李素芝、李梦桃、李登海、杨利伟、杨怀远、杨根思、苏宁、谷文昌、邰丽华、邱少云、邱光华、邱娥国、陈景润、麦贤得、孟泰、孟二冬、林浩、林巧稚、林秀贞、欧阳海、罗映珍、罗健夫、罗盛教、草原英雄小姐妹、赵梦桃、钟南山、唐山十三农民、容国团、涂虎、秦文贵、袁隆平、钱学森、常香玉、黄继光、彭加木、焦裕禄、蒋筑英、谢延信、韩素云、窦铁成、赖宁、雷锋、谭彦、谭千秋、谭竹青、樊锦诗。